Stefanie Kurka

Burnout als Chance

Der versteckte Appell
an Unternehmen und Betroffene

Kurka, Stefanie: Burnout als Chance: Der versteckte Appell an Unternehmen und Betroffene, Hamburg, Igel Verlag RWS 2014

Buch-ISBN: 978-3-95485-215-4
PDF-eBook-ISBN: 978-3-95485-715-9
Druck/Herstellung: Igel Verlag RWS, Hamburg, 2014

Bibliografische Information der Deutschen Nationalbibliothek:
Die Deutsche Nationalbibliothek verzeichnet diese Publikation in der Deutschen
Nationalbibliografie; detaillierte bibliografische Daten sind im Internet über
http://dnb.d-nb.de abrufbar.

© Igel Verlag RWS, Imprint der Diplomica Verlag GmbH
Hermannstal 119k, 22119 Hamburg
http://www.diplomica.de, Hamburg 2014
Printed in Germany

Inhalt

A. Abbildungsverzeichnis

B. Einleitung

„Halt die Deadline ein, so ist's fein!
Hol' die Ellenbogen raus, burn dich aus!
24/7, 8 bis 8, was geht ab, machste schlapp (...)?!"[1]

Dieser einleitende Strophenabschnitt des Liedes „Bück dich hoch!" der Hamburger Band Deichkind beschreibt die Folgen einer von Leistungs- und Selektionsdruck geprägten Arbeitswelt. Der hierdurch implizierte Appell sich „auszubrennen" entspricht dem heutigen Terminus Burnout. Erstmals thematisiert wird das Burnout in dem 1960 veröffentlichten britischen Roman „A Burnt-out Case" („Ein ausgebrannter Fall") vom Schriftsteller Graham Greene. Der darin beschriebene Protagonist beschließt infolge einer wahrgenommenen Sinnentleerung und Erschöpfung seinen Architektenberuf niederzulegen und auszuwandern.[2]

Maßgeblich geprägt wurde der Begriff in Folge durch den Psychoanalytiker Herbert J. Freudenberger (1974), der Burnout als eine körperliche und emotionale Erschöpfung auf Grund permanent existenter Stressoren im beruflichen Kontext definiert. Während sich seine Forschung primär auf mentale Belastungen in Sozial- und Pflegeberufen fokussierte, fand eine Ausweitung auf andere Bereiche erst in den nachfolgenden Dekaden statt.

Nach den Psychologen Christina Maslach und Susann Jackson (1986) inkludiert ein Burnoutsyndrom die drei Facetten emotionale Erschöpfung, reduzierte persönliche Leistungsfähigkeit und Depersonalisation.[3] Letzteres äußert sich in einer distanzierten und zynischen Einstellung der Betroffenen.

Diese burnoutspezifischen Symptome sind heute weit verbreitet. Zahlreiche einschlägige Wirtschaftsmagazine und namenhafte Studien wie der Fehlzeiten- oder der Stressreport der Bundesanstalt für Arbeitsschutz und Arbeitsmedizin berichten regelmäßig über einen Anstieg psychischer Erkrankungen. Auch unter Prominenten sind Burnoutfälle auf dem Vormarsch, wie Fußballtrainer Ralf Rangnick, Fernsehkoch Tim Mälzer oder Siemens-Managerin Denice Kronau beispielhaft belegen.[4] Als Gründe werden sowohl ein zunehmender Druck in der Arbeitswelt (Globalisierung, prekäre Beschäftigung, Entgrenzung der Arbeit) als auch intrapersonale Faktoren diskutiert. Partiell wird jedoch auch ein inflationärer Gebrauch des Terminus moniert, was plakative Titel wie „Burnout gibt es nicht" vom Psychiater Manfred Lütz exemplarisch unterstreichen.[5] Tatsächlich ist das Burnoutsyndrom im ICD-10 (International Statistical Classification of Diseases and Related Health Problems), dem Klassifikationssystem der Weltgesundheitsorganisation (WHO), nicht als eigenständiges Krankheitsbild

---

[1] Magic Internet Musik GmbH. (2014), www.songtexte.com (Stand 14.04.2014)
[2] Vgl. Werner, C. (2012), www.abendblatt.de (Stand 14.04.2014)
[3] Vgl. Stock-Homburg, R.; Wolff, B. (2011), S. 526
[4] Vgl. Beckhäuser, M. u.a. (2013), S. 4
[5] Vgl. N-tv. (2012), www.n-tv.de (Stand 14.04.2014)

definiert. Ergo handelt es sich hierbei lediglich um eine Zusatz- bzw. Rahmendiagnose mit der Ziffer Z 73.0- „Schwierigkeiten der Lebensbewältigung".[6] Ungeachtet dessen wurden burnoutähnliche Symptome bereits in den vergangenen Jahrhunderten in der Literatur beschrieben. Beispielsweise beklagt Thomas Buddenbrook im ersten großen Werk des Thomas Mann einen Verlust an Idealismus und Freudlosigkeit infolge seiner Tätigkeit als Hamburger Senator. Gleichzeitig durchläuft der Prophet Elias aus dem Alten Testament burnoutähnliche Phasen beginnend vom hohen Engagement bis hin zum sozialen Rückzug. Auch Johann Wolfgang von Goethe wird im 18. Jahrhundert im Zuge seiner Ministertätigkeit von Literaturhistorikern ein Burnout zugeschrieben.[7]

Wenngleich der Begriff Burnout erst seit ca. vierzig Jahren Einzug in unseren Sprachge-brauch gefunden hat, ist er in Anbetracht der steigenden Zahl der Betroffenen heute allge-genwärtig. Ungeachtet der vergleichsweise positiven Konnotation in Relation zu anderen psychischen Erkrankungen, ist ein tiefergehendes Verständnis der Ursachen, Anzeichen und des Verlaufs unabdingbar. Hieraus lassen sich in Folge fundierte, d.h. keine oberflächlichen, Empfehlungen ableiten. Die nachstehende Arbeit verfolgt somit das vorrangige Ziel, Antwor-ten auf folgende Leitfragen zu liefern:

- Was genau ist ein Burnout?
- Welche Faktoren führen zur Entstehung eines Burnouts?
  Im Rahmen einer multikausalen Betrachtung der Thematik stehen hier in erster Linie intrapersonale dispositionelle Faktoren sowie berufliche Stressoren im Fokus.
- Wie können Führungskräfte die Entwicklung eines Burnouts bei ihren Mitarbeitern frühzeitig feststellen?
- Äußert sich ein Burnout im beruflichen Kontext bei Männern und Frauen gleicherma-ßen?
- Welchen Beitrag können Unternehmen, Führungskräfte und Individuen leisten, um der Entstehung eines Burnouts präventiv entgegenzuwirken?

Die folgende Arbeit gliedert sich somit in einen auf wissenschaftlichen Studien und Texten basierenden Literaturteil sowie in einen interviewbasierten empirischen Teil. Auf Grundlage der Interviews erfolgt zudem eine kontrastierende Gegenüberstellung von Expertenbefra-gungen und Erfahrungen ehemaliger Betroffener. Im Folgenden werden sowohl Grundlagen als auch Ursachen beleuchtet.

---

[6] Vgl. Müller-Lissner, A. (2012), www.tagesspiegel.de (Stand 14.04.2014)
[7] Vgl. Pfeifer, M. (2014), www.das-burnout-syndrom.de (Stand 14.04.2014)

C. Hauptteil

I. Theorie

1. Grundlagen

Wenngleich das Burnoutsyndrom nicht als eigenständiges Krankheitsbild definiert ist, lässt es sich als Summe diverser Krankheiten und Symptome auffassen, die sich in einem prozesshaften Verlauf manifestieren. Das sogenannte Maslach Burnout Inventory erhebt die drei wesentlichen Burnout Komponenten und zählt zugleich zu den verbreitetsten Messinstrumenten zur Feststellung eines Burnouts. Im Folgenden werden die in der Einleitung erstmalig genannten Elemente Erschöpfung, Depersonalisation und reduzierte persönliche Leistungsfähigkeit genauer expliziert, da hierauf zahlreiche nachfolgend dargestellte Studien basieren:

Das zentrale und zumeist auch offensichtliche Kriterium ist die Erschöpfung. Betroffene beklagen ein Gefühl der Überbeanspruchung sowie den Verbrauch sämtlicher physischer und emotionaler Ressourcen. Durch den Kontakt mit anderen Menschen fühlen sie sich häufig ausgelaugt. Diese als belastend empfundenen hohen interpersonellen Anforderungen sowie die Überbeanspruchung führen schließlich zu einer kognitiven und emotionalen Distanzierung von der Arbeit. Diese Zynismus- bzw. Depersonalisationskomponente ist durch eine distanzierte und zugleich negative Reaktion auf bestimmte Bereiche der eigenen Tätigkeit gekennzeichnet. Dies kann sich in gleichgültigem Verhalten oder einer zynischen Einstellung gegenüber der Arbeit ausdrücken. Gefühllose, abgestumpfte Reaktionen gegenüber Kunden, Klienten oder Patienten können dazu führen, dass diese nicht mehr als Menschen, sondern als Fälle wahrgenommen werden. Die Komponente der reduzierten persönlichen Leistungsfähigkeit beschreibt hingegen den wahrgenommenen Kompetenz- und Effektivitätsverlust in der Arbeit. Ursächlich hierfür sind bereits zum Teil die beiden erst genannten Komponenten Erschöpfung und Zynismus. Hohe berufliche Anforderungen, die bereits zu den beiden ersten Anzeichen geführt haben, unterminieren ebenso das eigene Kompetenzgefühl. Zudem wird eine gute Leistung durch Gefühle der Gleichgültigkeit und der Erschöpfung zunehmend erschwert.[8]

Diese drei Facetten werden sich in den nachfolgend dargestellten Ursachenmodellen widerspiegeln. Die Ursachen eines Burnouts sind vielfältig und inkludieren neben Anforderungen im Beruf (permanente Überlastung und Konflikte), Persönlichkeitseigenschaften und Charakteristika der Lebenssituation (geringe Selbstwirksamkeitserwartung, fehlende soziale Unterstützung). Arbeitsplatzunsicherheit, schlechte Qualifikation, Erkrankungen und weitere kritische Lebensereignisse kommen nicht selten erschwerend hinzu.

---

[8] Vgl. Ekkehart, F.; Sonntag, K. (1999), S. 228-231

2. Ursachen

a. Dispositionen auf intrapersonaler Ebene

(1) Burnout und „Big Five"

Im Rahmen einer intrapersonalen Beleuchtung der Symptome wird der 2002 in der Zeitschrift für Sozialpsychologie publizierte Artikel „The relationship between the big five personality factors and burnout: A study among volunteer counselors" in Folge dargestellt. Untersucht wurde der Zusammenhang zwischen den sogenannten „Big Five"- den fünf breiten Persönlichkeitsdimensionen- und Burnout.[9] Die Persönlichkeit eines Menschen lässt sich nach diesem Fünffaktorenmodell durch die Ausprägung der Dimensionen Neurotizismus, Extraversion, Offenheit für Erfahrungen, Verträglichkeit und Gewissenhaftigkeit beschreiben.[10] Das englische Akronym OCEAN (Openness, Conscientiousness, Extraversion, Agreeableness, Neuroticism) kann hierbei als Merkhilfe fungieren. Dieses Fünf-Faktorenmodell der Persönlichkeit gilt seit 30 Jahren als Referenzmodell der Differentiellen Psychologie.[11] Mithilfe des Persönlichkeitsfragebogens NEO-PI-R können die „Big Five" wie folgt erfasst werden:

Abb. 1: Big Five

Neurotizismus	Extraversion	Gewissenhaftig-keit	Offenheit für Erfahrungen	Verträglichke
• angespannt	• aktiv	• ehrgeizig	• einfallsreich	• altruistisch
• ängstlich	• begeisterungs-	• ausdauernd	• fortschrittlich	• aufrichtig
• emotional	fähig	• fleißig	• kritisch	• anspruchslc
• empfindlich	• dominant	• gewissenhaft	• offen	• großherzig
• hilflos	• gesellig	• ordnungs-	• feinfühlig	• gutgläubig
• reizbar	• lebenslustig	liebend	• wissbegierig	• verständnis
• unsicher	• optimistisch	• diszipliniert	• liberal	voll

Quelle: Hövel, N.; Pekrun, R.; Vogl, S. (2011), S.6

In Anlehnung an diese Darstellung erfolgt die Verknüpfung zu den eingangs erläuterten Burnoutkomponenten:

1. Emotionale Erschöpfung (Gefühl der Leere und Kraftlosigkeit)
2. Depersonalisation (Zynismus, distanzierte Einstellung zum Job, Sarkasmus, Gefühllosigkeit)
3. Reduzierte Leistungsfähigkeit (Gefühl von Inkompetenz und fehlendem Erfolg) [12]

---

[9] Vgl. Bakker, A. u.a. (2002), *S.* 1
[10] Vgl. Hövel, N.; Pekrun, R.; Vogl, S. (2011), S.6
[11] Vgl. Heydasch, T.; Renner, K. (2013),S. 80
[12] Vgl. Banzhaf, H. (2010),S. 8, www.klinikum.uni-heidelberg.de (Stand 14.04.2014)
    Vgl. Hövel, N.; Pekrun, R.; Vogl, S. (2011), S. 7

Zu 1) Die Studie kommt zu dem Ergebnis, dass Neurotizismus der einzige Prädiktor für emotionale Erschöpfung ist, zugleich handelt es sich hierbei um einen hoch signifikanten Effekt.

Zu 2) Gefühle der Depersonalisation stehen ebenso in Zusammenhang mit Neurotizismus. Zusätzlich sind hier die Extraversion sowie das Ausmaß der subjektiv empfundenen Autonomie von Bedeutung. Demnach war die Einstellung zur Arbeit umso negativer, je höher die Neurotizismuswerte und je introvertierter die Personen waren und je weniger sie sich in ihrer Arbeit als autonom handelnde Personen empfanden. Zudem korrelieren Gefühle der Depersonalisation negativ mit der subjektiv empfundenen Autonomie.[13] Forschungsbefunde belegen überdies, dass der Grad der Depersonalistion, d.h. der Grad der emotionalen Distanz im Burnout bei Männern höher ausgeprägt ist als bei Frauen.[14]

Zu 3) Im Zusammenhang mit der persönlichen Leistungsfähigkeit erwiesen sich Extraversion und Neurotizismus als signifikante Prädiktoren. Der Studie zufolge empfinden sich insbesondere emotional stabile (d.h. geringe Neurotizismuswerte) und zugleich extravertierte Personen in ihrem Berufsalltag als kompetent.

In der Studie wird aber ebenso betont, dass es sich hierbei nicht um eine angeborene Neigung handelt, bestimmte Burnoutsymptome zu entwickeln, sondern vielmehr um ein in stressigen Situationen abweichendes Reaktionsmuster.[15] Zusammenfassend lässt sich die Frage, inwieweit Persönlichkeitseigenschaften mit der Entstehung eines Burnouts zusammenhängen, wie folgt beantworten: Gewissenhaftigkeit und Extraversion schützen vor der Entstehung eines Burnouts, wohingegen Neurotizismus einen Risikofaktor darstellt:

Demnach werden Personen mit hohen Neurotizismuswerten mit der Neigung, die eigene Leistungsfähigkeit zu unterschätzen und in stressigen Situationen mit starken Emotionen und Selbstkritik zu reagieren mit einer erhöhten Anfälligkeit für sämtliche Burnoutsymptome in Verbindung gebracht. Unter Personen mit hohen Extraversionswerten ist die Intensität zwischenmenschlicher Interaktionen ausgeprägter, wodurch sich die Gefahr für Punkt 2- die Depersonalisation –d.h. Gefühle der Gleichgültigkeit und Gefühllosigkeit verringert. Optimismus und Selbstbewusstsein (beides Facetten der Extraversion) führen zudem zu einer optimistischeren Einschätzung der eigenen Leistungsfähigkeit.

---

[13] Vgl. Banzhaf, H. (2010), S. 8, www.klinikum.uni-heidelberg.de (Stand: 14.04.2014)
[14] Vgl. Greenglass, E. (1991), S. 562
[15] Vgl. Bakker, A. u.a. (2002), S. 11-13

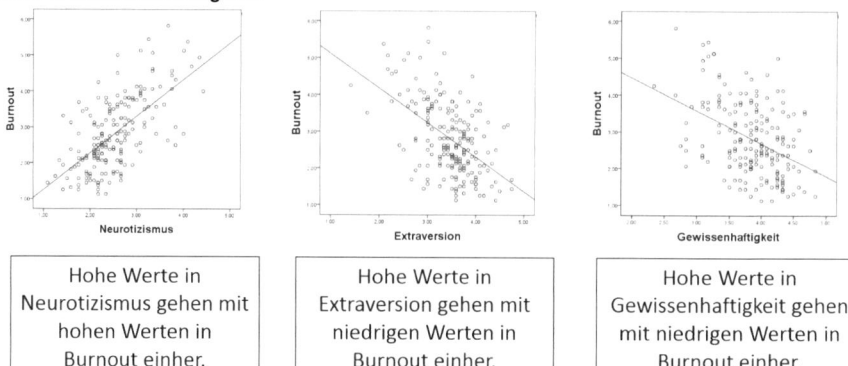

Hohe Werte in Neurotizismus gehen mit hohen Werten in Burnout einher. Korrelation = .59	Hohe Werte in Extraversion gehen mit niedrigen Werten in Burnout einher. Korrelation = -.52	Hohe Werte in Gewissenhaftigkeit gehen mit niedrigen Werten in Burnout einher. Korrelation = -.42

Quelle: Hövel, N.; Pekrun, R.; Vogl, S. (2011), S. 13

Im Rahmen der Studie „Persönlichkeit und Stresserleben" der Ludwig-Maximilians-Universität München wurde überdies der Frage nachgegangen, inwieweit sich Führungskräfte und Mitarbeiter bezüglich der Persönlichkeitseigenschaften, die mit Burnout assoziiert sind, unterscheiden. Der Studie zufolge erzielten Führungskräfte im Vergleich zu Mitarbeitern insgesamt höhere Werte in den Bereichen Extraversion und Gewissenhaftigkeit sowie geringere Werte im Bereich Neurotizismus.[16]

(2) Burnout-Marker und die Rolle innerer Werte

Diese Befunde decken sich weitgehend mit den Resultaten der Ausgabe „Burnoutmarker und Resilienzkompetenzen mit Hogan Assessments".[17] In Bezug auf die Befunde der Persönlichkeitstests sind folgende Personen für die Entstehung eines Burnouts besonders anfällig:

1) Personen, die Kritik häufig persönlich nehmen, zu extremen emotionalen Reaktionen tendieren und emotional wenig stabil sind. Dies entspricht dem Neurotizismus aus obiger Studie.

2) Personen, deren Motivationsgrundlage und Werteraster deutlich von ihrer Arbeitsumgebung abweicht. Diese Diskrepanz führt zu Unzufriedenheit und Potentiale können nicht umgesetzt werden.

3) Personen, die beruflichen Herausforderungen konfrontiert sind, die weder ihren inneren Antreibern noch ihren persönlichen Zielen entsprechen.

---

[16] Vgl. Hövel, N.; Pekrun, R.; Vogl, S. (2011), S. 3
[17] Das Unternehmen Hogan Assessment Systems wurde 1987 von den amerikanischen Psychologen Dr. Joyce Hogan und Dr. Robert Hogan gegründet. Sie sind Marktführer im Bereich persönlichkeitsbasierter Personaldiagnostik.

4) Personen, deren Vorgesetzte mangelnde Führungskompetenzen aufweisen und diese zugleich nicht kompensieren.
5) Weitere Belastungen aus einem anderen Umfeld, die von persönlichen Coping-Strategien nicht abgedeckt werden können.

Die Unterpunkte zwei und drei beziehen sich auf die Werte einer Person. Diese geben unmittelbar Aufschluss darüber, was einer Person wichtig ist, wodurch die Passung zu einer Organisation entscheidend mitbestimmt wird. Die Gefahr eines Burnouts ist demnach umso höher, je weniger die persönlichen Werte in der Organisation berücksichtigt werden. Dies kann u.a. der Fall sein, wenn Aspekte, die einer Person viel bedeuten, in deren Arbeitskontext unerwünscht sind, bzw. nicht belohnt oder nicht zugelassen werden. Beispielsweise werden sich Personen, die in diesem Test eine hohen Wert für „Selbstlosigkeit" erzielten, d.h. den Wunsch hegen, anderen Menschen zu helfen, zunehmend unwohl fühlen, wenn ihr Arbeitskontext den Profit höher gewichtet als das Wohlergehen der Mitarbeiter oder, wenn sie häufig Konfrontationen und unhöflichen Verhaltensweisen ausgesetzt sind. Somit kann eine fehlende Kongruenz mit inneren Werten auf lange Sicht ein Burnoutrisiko erhöhen.[18]

Bedingungen, die eine Realisierung unterbewusster Leitsätze, innerer Werte und Ziele nicht zulassen, stellen somit Risikofaktoren dar. Man denke hierbei an Führungskräfte, die motiviert sind, Ziele zu erreichen und Erfolge zu verzeichnen, die jedoch auf einmal organisationsinternen sowie externen Umständen ausgesetzt sind, die mit diesen Intentionen konfligieren. Das, was sich eine Person wünscht, passt in diesem Fall nicht zu den externen Bedingungen.

Die Bedeutung der inneren Antreiber wird jedoch nicht nur bei der Entstehung eines Burnouts offenkundig, sondern tritt ebenso bei der Überwindung der Burnoutspirale zu Tage. Positiv gemeinte Ratschläge wie „Lernen Sie Nein zu sagen!", „Gönnen Sie sich ausreichend Erholung!" oder „Setzen Sie Prioritäten!" erzielen allzu oft nicht den gewünschten Effekt beim Empfänger. Warum ist eine Person beispielsweise nicht in der Lage, „nein" zu sagen? Um diese Frage zu beantworten, empfiehlt es sich, die umgekehrte Frage zu stellen, nämlich, was passieren würde, wenn man „nein" sagt. Es könnte beispielsweise sein, dass man einen Arbeitskollegen verärgert und die Beziehung Schaden nimmt oder es wird ein Ziel nicht erreicht, d.h. es tritt eine Situation ein, die mit Angst verknüpft ist. Wenn man den Faden in diesem Fall weiter spinnen würde und sich erneut die Frage stellen würde, was in diesem hypothetischen Fall passieren würde, kann man sich auf diese Weise sukzessive seinen unbewussten Zielen und Leitsätzen nähern.[19]

[18] Vgl. Rosenthal, C. (2014), S. 6
[19] Vgl. Berndt, F. (2014), www.burnout-fachberatung.de (Stand 14.04.2014)

(3) Persönlichkeitsprofile

Die im Rahmen der Forschungsergebnisse von Hogan Assessment Systems herauskristalli-
sierten drei Persönlichkeitsprofile, die mit Burnout in enger Verbindung stehen, stellen eine
Möglichkeit dar, diese unbewussten Ziele zu klassifizieren. Diese umfassen die überambitio-
nierte, die harmoniebedürftige sowie die perfektionistische Person. Allen drei Typen liegen
andere unbewusste Motive zugrunde.

Personen des ersten Typs zeichnen sich durch eine hohe Ziel- und Wettbewerbsorientierung
aus und wirken charismatisch. Ihr Arbeitsverhalten ist von einer herausragenden Einsatzbe-
reitschaft und einem Gefühl für Dringlichkeit gekennzeichnet. Sie erscheinen meist sehr
selbstbewusst und suchen den Wettbewerb, wodurch Ruhephasen häufig zu kurz kommen.
Der Fokus liegt hierbei stets auf der Zielerreichung. Die Gefahr eines Burnouts tritt letztendlich dann zu Tage, wenn die Physis den Wunsch nach Zielerreichung nicht mehr bewältigen
kann.[20] Dies entspricht weitestgehend dem in der Psychologie bekannten Machtmotiv.

Harmoniebedürftigen Personen liegt hingegen viel an der Beziehung zu anderen Menschen.
Sie gewinnen leicht Vertrauen und sind bereit, viel zu investieren, um eine Beziehung nicht
zu riskieren. Die Gefahr besteht hierbei darin, sich für andere regelrecht aufzuopfern. In der
Konsequenz werden eigene Aufgaben nicht selten hinten angestellt und Entscheidungen
nicht bzw. zu spät getroffen. Etwaige Konflikte stellen für diese Personen eine große Belastung dar und werden als emotional aufreibend eingestuft.[21] Dies entspricht dem Anschluss-
motiv.

Die Kategorie der Perfektionisten tendiert dazu, sich im Detail zu verlieren und Prozesse
genau zu planen. Dahinter stehen das Bedürfnis nach Vorhersagbarkeit sowie ein Interesse
daran, wie und warum Dinge funktionieren. Eine Differenzierung zwischen wichtig und
unwichtig fällt häufig schwer, wodurch bei hoher Geschwindigkeit vermehrt Bewältigungs-
probleme auftreten. Ergo wird einem hohen Arbeitspensum mit vermehrtem zeitlichen
Einsatz begegnet. Physische Überforderung ist auf lange Sicht die Folge.[22] Hier lassen sich
Parallelen zum Leistungsmotiv feststellen.

(4) Eine psychoanalytische Perspektive

Der Artikel „A psychoanalytic-existential approach to burnout: Demonstrated in the case of a
nurse, a teacher, and a manager" aus dem Jahr 2002 stellt eine Verbindung her zwischen
den ursprünglichen Zielen einer Person beim Ergreifen einer Tätigkeit und dem späteren
Auftreten einer Burnouterkrankung. Die Gefahr eines Burnouts besteht demnach insbeson-

---

[20] Vgl. Rosenthal, C. (2014), S. 8
[21] Vgl. ebd. S. 9
[22] Vgl. ebd. S. 10

dere dann, wenn die ursprünglichen Wünsche, die bei der Berufswahl vorlagen und die mit der jeweiligen Tätigkeit erfüllt werden sollten, unerfüllt bleiben.

Nachstehend werden beispielhaft die ausschlaggebendsten Gründe für ein Burnout in den drei Berufsgruppen der Krankenschwester bzw. des Krankenpflegers, den Lehrern und den Managern beleuchtet: Der hauptsächliche Grund für ein Burnout bei Krankenschwestern ist die Wahrnehmung des Leids der Patienten, ohne die Möglichkeit, ihnen helfen zu können. Bei Lehrern sind unmotivierte und gleichgültige Schüler sowie Disziplinprobleme ausschlaggebend für die Entstehung eines Burnouts. Manager und Personen in hohen Positionen erleiden gehäuft ein Burnout, wenn sie über keine tatsächliche Macht und keine ausreichenden Ressourcen verfügen, um Dinge konkret beeinflussen und verändern zu können.

Über alle Berufssparten hinweg ist es somit nicht die harte Arbeit, die letztendlich zum Burnout führt, sondern vielmehr die Tatsache, dass die Betroffenen ihre ursprünglichen Ziele, die sie einst mit ihrer Tätigkeit erfüllen wollten, nicht mehr erreichen können.

Es wurde zudem eine Verbindung zwischen der grundlegenden Ursache des Burnouts und den Zielen und Erwartungen der Personen festgestellt, die sie zu Beginn ihrer Karriere hatten: Krankenschwestern gaben an, dass ihr oberstes Ziel zu Beginn ihrer Berufswahl war, schmerzleidenden Menschen zu helfen. Konsequenterweise ist die oben beschriebene Hauptursache eines Burnouts unter Krankenschwestern darin begründet, das Leiden anderer Menschen zu sehen, ohne ihnen helfen zu können. Lehrer verfolgten das primäre Ziel, Einfluss auf Schüler auszuüben, sie zu erziehen und ihre Persönlichkeit zu formen. Die Kernursache ihres Burnouts liegt in Disziplinproblemen und der Erkenntnis, dass sich diese Vorhaben nicht immer umsetzen lassen. Führungskräfte gaben hingegen den Wunsch an, einen signifikanten Einfluss auf die Organisation ausüben zu können, das bestmögliche Leistungsniveau zu erreichen und hierbei nach eigenen Vorstellungen im Sinne der Organisation vorzugehen. Somit ist es nicht verwunderlich, wenn in dieser Berufsgruppe häufig nicht das Arbeitspensum sondern die fehlenden Möglichkeiten, diese Ziele in die Tat umzusetzen, für ein Burnout maßgeblich sind.[23]

b. Ursachen in der Arbeitswelt und der Gesellschaft

(1) Ungleichgewicht von Arbeitsanforderungen und Arbeitsressourcen

Im Zuge der Entstehung eines Burnouts sind sowohl persönliche Faktoren als auch gesellschaftliche Entwicklungen (z.B. Auflösung familiärer Beziehungen, Wertewandel) und berufliche Faktoren von eminenter Relevanz. Das „Job Demands- Resources-Model" (Arbeitsanforderungen – Arbeitsressourcen Modell) unterteilt sämtliche Arbeitsplatzmerkmale unabhängig von der jeweiligen beruflichen Tätigkeit in zwei Kategorien:

---

[23] Vgl. Pines, A.(2002), S. 104 und 110

- Arbeitsanforderungen
- Arbeitsressourcen

Arbeitsanforderungen beinhalten sowohl physische als auch psychische (kognitive und emotionale) Anstrengungen und Fertigkeiten im Zusammenhang mit der Tätigkeit.[24] Hierzu zählen beispielsweise emotionale Anforderungen der Tätigkeit, Arbeitsdruck, Arbeitszeiten, Rollenkonflikte sowie der Umgang mit anspruchsvollem Klientel.[25]

Unter Arbeitsressourcen werden hingegen organisationale, soziale, psychologische, und physische Gesichtspunkte der Arbeit subsumiert, die:

- Das Erreichen arbeitsbezogener Ziele unterstützen
- Arbeitsanforderungen und damit implizierte physiologische und psychologische Kosten minimieren
- Zur persönlichen Entwicklung beitragen.[26]

Zu den Arbeitsressourcen zählen beispielsweise das Betriebsklima, Arbeitsplatzsicherheit, Mitbestimmungsmöglichkeiten bei Entscheidungen, Aufstiegschancen, Coaching, Feedback, Abwechslung sowie die subjektiv wahrgenommene Autonomie bei der Arbeit.[27] Arbeitsressourcen fungieren somit als wichtige Quelle zur Bewältigung von Arbeitsanforderungen sowie zur Aufrechterhaltung des subjektiven Wohlbefindens.[28]

Untersucht wurde nun der Zusammenhang zwischen den genannten Arbeitsanforderungen/ Arbeitsressourcen und den Burnoutkomponenten emotionale Erschöpfung und Depersonalisation. Während sich die emotionale Erschöpfung in Kraftlosigkeit äußert, führt die Depersonalisation zu einem inneren Rückzug von der Arbeit verbunden mit Gleichgültigkeit. Hohe und ungünstige Arbeitsanforderungen sind demnach positiv mit dem Erschöpfungsaspekt und Arbeitsressourcen negativ mit dem Rückzug von der Arbeit korreliert. Ergo führen hohe Arbeitsanforderungen - wie beispielsweise das Arbeiten unter Zeitdruck[29] - zu gesteigerten Gefühlen der emotionalen Erschöpfung, aber nicht automatisch zum emotionalen Rückzug von der Arbeit. Wohingegen fehlende Arbeitsressourcen- wie beispielsweise ein positives Betriebsklima- zu einem Anstieg der Depersonalisation führen, aber nicht zwangsläufig zur emotionalen Erschöpfung. Eine innere Loslösung von der Arbeit ist der Studie zufolge somit keine Folge emotionaler Erschöpfung, sondern vielmehr eine Folge fehlender Arbeitsressourcen.

Treten nun hohe Arbeitsanforderungen in Kombination mit geringen Arbeitsressourcen auf, kann dies bei Mitarbeitern zur emotionalen Erschöpfung und zur Depersonalisation führen,

---

[24] Vgl. Stock-Homburg, R.; Wolff, B. (2011), S. 525
[25] Vgl. Demerouti, E. (2014), S. 9, www.genius-hellerau.de (Stand 14.04.2014)
[26] Vgl. ebd. S. 8
   Vgl. Bakker, A. u.a. (2001), S. 508
[27] Vgl. Demerouti, E. (2014), S. 8, www.genius-hellerau.de (Stand 14.04.2014)
[28] Vgl. Stock-Homburg, R.; Wolff, B.(2011), S. 525
[29] Vgl. Bakker, A. u.a. (2001), S. 502

wodurch bereits zwei wesentliche Aspekte des Burnoutsyndroms erfüllt wären.[30] Präventionsmaßnahmen sollten somit auf eine Reduktion der Arbeitsanforderungen sowie auf eine Steigerung der Arbeitsressourcen abzielen und somit das Ausmaß der emotionalen Erschöpfung und der inneren Loslösung von der Arbeit verringern.[31]

Im Rahmen der Studie „Job demands and job resources as predictors of absence duration and frequency" aus dem Jahre 2003 wurde der Zusammenhang zwischen den vorherrschenden Arbeitsanforderungen/Arbeitsressourcen und den registrierten Fehlzeiten der Mitarbeiter untersucht. Da hohe Arbeitsressourcen zu einem Anstieg der Motivation und zugleich zu einer erhöhten Bindung an das Unternehmen führen, wurde vermutet, dass sich mit diesem Modell auch Fehlzeiten vorhersagen lassen. Dies wurde in dieser Studie ebenso bestätigt wie in der Studie „How changes in job demands and resources predict burnout, work engagement and sickness absenteeism".[32]Ein bestehendes Burnout ermöglicht demnach die Vorhersage der Dauer krankheitsbedingter Abwesenheit, jedoch nicht die Häufigkeit der Fehltage. Wohingegen das bestehende Arbeitsengagement die Häufigkeit der Fehltage vorhersagen lässt, jedoch nicht die Dauer der Abwesenheit. Zudem wurde Burnout mit einer „unfreiwilligen" Abwesenheit assoziiert und festgestellt, dass es zu längerer krankheitsbedingter Abwesenheit führt. Demgegenüber wird Arbeitsengagement mit „freiwilliger" Abwesenheit assoziiert. Hohe Arbeitsanforderungen (ohne das Fehlen von Arbeitsressourcen) hängen mit der Abwesenheitsdauer zusammen, wohingegen sich fehlende Arbeitsressourcen (ohne hohe Arbeitsanforderungen) auf die Abwesenheitshäufigkeit auswirken.[33]

Persönliche Anmerkung: Wenngleich diese Zusammenhänge empirisch belegt sind, ist bei der Schlussfolgerung von „die Person ist häufig krank", dann „ist sie wohl unmotiviert und nicht an das Unternehmen gebunden" Vorsicht geboten.

(2) Herausforderungen der gegenwärtigen Arbeitswelt

In Anlehnung an das Arbeitsanforderungen-Arbeitsressourcen Modell lassen sich nun aktuelle Entwicklungen der Arbeitswelt näher beleuchten. Hierbei wird evident, dass die Seite der Arbeitsanforderungen an Gewicht gewinnt. Die Anforderungen an Arbeitnehmer steigen kontinuierlich, was zur Folge hat, dass selbst Menschen mit einer „durchschnittlichen psycho-physischen Grundausstattung diesen häufig nicht mehr Herr werden".[34] Dies manifestiert sich beispielsweise in einem permanent ansteigenden Leistungs- und Wettbewerbsdruck. Die Intensivierung der Arbeit, überlange Arbeitszeiten, Outsourcing infolge der Globalisierung sowie hohe emotionale Anforderungen im Beruf fungieren hierbei als potenti-

---

[30] Vgl. Bakker, A. u.a. (2001), S. 508
[31] Vgl. ebd. S. 510
[32] Vgl. Bakker, A. u.a. (2003), S. 1
[33] Vgl. Bakker, A.; Van Rhenen, W.; Shaufeli, W. (2009), S. 908, 909
[34] Vgl. Badura, B. (2013), S. 5

elle Belastungsfaktoren. Ebenso auf der Seite der Anforderungen lassen sich zudem hohe Erwartungen an die Mobilität, Anpassungsfähigkeit und Flexibilität verorten, wodurch die Vereinbarkeit von Beruf und Privatleben zunehmend erschwert wird.[35]

Den Kernpunkt der Sorgen vieler Arbeitnehmer bildet jedoch die Angst vor dem Verlust des Arbeitsplatzes. Diese Ängste sind durchaus begründet und spiegeln die gegenwärtigen Bedrohungen der Arbeitswelt wider. Prekäre Beschäftigungsformen und Entlassungen haben zur Folge, dass selbst diejenigen, die aktuell noch eine Arbeitsstelle haben, unter existenzbedrohenden Ängsten leiden. Diese führen zu einer permanenten Alarmreaktion im Gehirn und initiieren zudem die automatische Suche nach passenden Bewältigungsstrategien. Sofern keine adäquate Lösung gefunden wird, wird sich die Angst zunehmend verstärken. Es besteht dann zum einen die Möglichkeit, dass ein Mensch selbst in Erregung noch in der Lage ist, rationale Entscheidungen zu treffen und die Kraft behält, weiterhin nach Lösungen zu suchen. Auf der anderen Seite besteht aber auch die reelle Gefahr, dass Menschen durch die permanente Bedrohung des Arbeitsplatzverlustes handlungsunfähig werden und an Arbeitsfähigkeit verlieren. Wenn diese Situation über einen längeren Zeitraum anhält, kommt es zur Resignation sowie zu depressiven Verstimmungen bei gleichzeitiger Aufrechterhaltung der Erregung. Dies ist besonders problematisch, da es sich hierbei um den physiologischen Nährboden handelt, auf dem Burnout letztendlich aufbaut.[36]

(3) Folgen der Entgrenzung zwischen Arbeit und Freizeit

Im Rahmen der Metaanalyse „Die Auswirkungen arbeitsbezogener erweiterter Erreichbarkeit auf Life-Domain-Balance und Gesundheit" der Bundesanstalt für Arbeitsschutz und Arbeitsmedizin werden die Wirkungen der Entgrenzung zwischen Arbeits- und Privatleben dargestellt. Eine arbeitsbezogene ausgedehnte Erreichbarkeit infolge moderner Kommunikations- und Informationstechnologien führt zu einer gesteigerten Verfügbarkeit der Berufstätigen unabhängig vom regulären Arbeitsort und der regulären Arbeitszeit.[37] Problematisch hierbei ist die Ausweitung berufsbezogener Tätigkeiten auf weitere Lebensbereiche und die dadurch implizierte erschwerte Vereinbarkeit von Privat- und Berufsleben.[38] Dies führt den Ergebnissen zufolge zu Beeinträchtigungen im Privatleben. Arbeitsbedingte Befindensbeeinträchtigungen wie Stress, Burnout und nicht Abschalten-Können traten umso stärker auf, je mehr berufliche Tätigkeiten Einzug ins Privatleben fanden. Zugleich werden Arbeits- bzw. Personenmerkmale als Moderatoren vermutet. Interessanterweise kam die Studie jedoch auch zu dem Ergebnis, dass eine erhöhte Übertragung von Arbeitsangelegenheiten ins Privatleben

---

[35] Vgl. Budiman, E.; Klöpper, J. (2011), S. 4
Vgl. Wellensiek, S. (2011), S. 334, 335
[36] Vgl. Nelting, M. (2010), S. 154, 155
[37] Vgl. Pangert, B.; Schüpbach, H. (2013), S. 4
[38] Vgl. ebd. S. 6

dennoch positiv mit der Bewertung der Arbeit (Arbeitszufriedenheit, Leistungsfähigkeit, Engagement) korreliert ist.[39]

Die wohl verbreitetste Form der erweiterten Erreichbarkeit liegt in der Nutzung von Mobiltelefonen bzw. Smartphones. Das Senden und Empfangen von Kurznachrichten über das Handy bzw. Smartphone ist ein integraler Bestandteil der heutigen Kommunikation, insbesondere auch unter jungen Nutzern, den sogenannten „digital natives".[40] Eine Studie der Washington and Lee University aus dem Jahr 2013 konnte nun eine direkte Verbindung zwischen der Anzahl der täglichen Nachrichten und der Schlafqualität der Probanden nachweisen. Demnach war die Schlafqualität umso geringer, je höher die Zahl der Nachrichten war.[41] Eine der möglichen Ursachen wird in dem Umstand vermutet, dass gegenwärtig nur wenige räumliche und zeitliche Grenzen in Bezug auf die Kommunikation via Smartphone existieren, was zu einem permanenten inneren Spannungszustand führen kann, wenn von den Usern erwartet wird, auf eingehende Nachrichten umgehend zu antworten.[42] Des Weiteren kann das Betrachten der hellen Bildschirme die Ausschüttung des Schlafhormons Melatonin, das für die Regulierung des Schlaf- Wachrhythmus verantwortlich ist, verhindern.[43]

Obgleich es sich hierbei um eine kleine studentische Stichprobe handelt, die nicht ohne weiteres generalisiert werden darf und auch die Rolle von Persönlichkeitsfaktoren berücksichtigt werden muss, gibt sie interessante Hinweise auf die Auswirkung der Mediennutzung auf unseren psychischen Zustand.[44]

(4) Exkurs: Das Führungsprinzip „Management by Objectives"

Das im Jahr 1954 vom Ökonom Peter Drucker erstmalig formulierte Führungsprinzip „Management by Objectives" hat sich im Laufe der 1990er Jahre in weiten Bereichen der Wirtschaft etabliert.[45] Den Kernpunkt bilden hierbei Zielvereinbarungen, die in einem mehrstufigen Verfahren absteigend präzisiert werden. Den Mitarbeitern obliegt im Anschluss die eigenverantwortliche Ausführung, wodurch eine gesteigerte Eigeninitiative und Motivation intendiert war. Insbesondere in der öffentlichen Verwaltung ist der Gestaltungsspielraum für Zielvereinbarungen jedoch häufig nur gering.[46]

Eine Studie des Instituts für Sozialwissenschaftliche Forschung München kam nun zu dem Ergebnis, dass die Führung über Ziele bei zahlreichen Arbeitnehmern zu psychischer Überlastung führt. Ursächlich hierfür sind unrealistische Zielvereinbarungen, eine steigende

---

[39] Vgl. ebd. S. 27
[40] Vgl. DieWelt (2012), www.welt.de (Stand 14.04.2014)
[41] Vgl. Murdock, K. (2013), S. 207
[42] Vgl. ebd. S. 208
[43] Vgl. ebd. S. 216
[44] Vgl. Murdock, K. (2013), S. 217
[45] Vgl. Bosch, T. (2014), www.wirkt.de (Stand 14.04.2014)
[46] Vgl. Dincher, R. u.a. (2010), S. 137

Prozessstandardisierung sowie das flächendeckende Controlling. 84 Prozent der befragten Führungskräfte monierten einen Mangel an finanziellen und personellen Mitteln, um die Ziele zu erreichen. Lediglich 14 Prozent stuften die vorhandenen Ressourcen als ausreichend ein.[47]

Eine Vorgabe von Zielen ohne gleichzeitiges Aufzeigen der Wege kann durchaus den gewünschten Effekt erzielen, sofern alle beteiligten Akteure über ein ausreichendes Mitsprachecht bei der Zielvereinbarung verfügen und die notwendigen Ressourcen vorhanden sind. Da Ziele aber oftmalig von oben diktiert werden, spricht der Berliner Philosoph Klaus Peters im Zusammenhang mit der indirekten Führung von „interessierter Selbstgefährdung" mit negativen Auswirkungen auf die Gesundheit.[48] Dies tritt zu Tage, wenn das Leistungsverhalten von Existenzgründern bzw. Selbständigen durch eine zunehmende Messbarkeit der Arbeit am Erfolg und am Erreichen der Ziele in die Unternehmen transferiert wird.[49]

3. Geschlechtsspezifische Unterschiede im Kontext der Arbeit

Von diesen beruflichen Stressoren sind sowohl Männer als auch Frauen betroffen. Die Folgen der jeweiligen mentalen Belastung kann zwischen den beiden Geschlechtern jedoch differieren, wie die Studie „Burnout and gender: Theoretical and organizational implications" belegt. Die Prävalenz, die Entstehung und der Verlauf eines Burnouts wurden in Abhängigkeit zum Geschlecht im Rahmen dieser Studie untersucht.

Die Studie kommt zu dem Ergebnis, dass der Grad der Depersonalisation bei Männern signifikant stärker ausgeprägt ist und sich beispielsweise in einer gleichgültigen und zynischen Einstellung gegenüber Kollegen und Kunden äußert. Kaltschnäuzigkeit und ein zunehmend unpersönliches Verhalten kommen erschwerend hinzu.[50] Dies deckt sich mit der Erkenntnis, dass Frauen in Stresssituationen vermehrt zur Strategie „tend and befriend" (behilflich sein, sich kümmern) tendieren, wohingegen Männer primär „fight or flight" - (Kampf/Aggression oder Flucht/Rückzug) Muster zeigen.[51] Beispielsweise berichten männliche Lehrer häufiger als ihre weiblichen Kollegen von tiefen Gefühlen der Depersonalisation gegenüber ihren Schülern. Zur Erklärung wird u.a. das männliche Rollenbild herangezogen, wonach Stärke, Unabhängigkeit und Unverletzlichkeit zu den nach dem männlichen Stereotyp akzeptierten Normen zählen. Depersonalisation wird somit als Bewältigungsmechanismus verstanden, der es den Betroffenen ermöglicht, ihre Tätigkeit fortzuführen, hierbei jedoch unbeteiligt zu erscheinen ohne von den Problemen anderer tangiert zu werden.

---

[47] Vgl. Bosch, T. (2014), www.wirkt.de (Stand 14.04.2014)
[48] Vgl. Gunti, P. (2011), www.myhandicap.de (Stand 14.04.2014)
[49] Vgl. Peters, K. (2014), www.bgm-bielefeld.de (Stand 14.04.2014)
[50] Vgl. Greenglass, E. (1991), S. 562
[51] Vgl. Lalouschek, W.; Kainz, W. (2008), S. 8

Zudem wurde festgestellt, dass bei Männern lediglich die Depersonalisation positiv und signifikant mit dem Missbrauch von Medikamenten- in erster Linie Schmerzmittel- korreliert. Das heißt je stärker die Depersonalisation ausgeprägt ist, desto häufiger griffen Männer zu Medikamenten und desto schlechter war die allgemeine Lebensweise (Konsum von Alkohol und Zigaretten, wenig sportliche Betätigung).

Weitere Daten belegen, dass geschlechtsspezifische Unterschiede in Bezug auf die Vorläufer eines Burnouts existieren. Während die Arbeit bei Männern im Zentrum der Vorgeschichte eines Burnouts steht, sind es bei Frauen sowohl die Arbeit als auch Aspekte, die das Familienleben betreffen, wie Zufriedenheit mit der Partnerschaft und Rollenkonflikte.[52] Letzteres- die Rollenkonflikte- erwies sich zudem ausschließlich bei Frauen als signifikanter Prädiktor eines Burnouts.[53] Die unterschiedliche Gewichtung von Arbeit und Privatleben als Stressoren bei Frauen und Männern wird mit dem traditionellen Rollenmodell erklärt, wonach sich nach wie vor auch berufstätige Frauen hauptsächlich um die Kinder und die Familie kümmern.[54] Die berufliche Tätigkeit wird hingegen bei Männern als integraler Bestandteil der männlichen Geschlechtsrolle interpretiert.[55] Beispielsweise steht das wahrgenommene Scheitern bei berufsbezogenen Tätigkeiten bei Männern in engerem Zusammenhang mit dem Beginn eines Burnouts als bei Frauen.[56]

Die Befundlage in Bezug auf die Prävalenz von Burnout bei Männern und Frauen ist hingegen nicht eindeutig. In der Vergangenheit existierten Hinweise darauf, dass Frauen anfälliger für die Entwicklung einer Burnouterkrankung seien. Bei der Interpretation dieser Ergebnisse ist jedoch Vorsicht geboten, da Frauen und Männer in völlig unterschiedlichen Bereichen tätig sind, weshalb es hier zu einer Konfundierung von Geschlecht und Beruf kommen kann. Beispielsweise wurden Geschlechtsunterschiede im Bereich der Humandienstleistungen untersucht mit dem Ergebnis, dass Frauen höhere Werte im Bereich der emotionalen Erschöpfung und niedrigere Werte im Bereich der persönlichen Leistungsfähigkeit erzielten. Demnach seien Frauen durch ihre Tätigkeit mit einer größeren Wahrscheinlichkeit emotional ausgelaugt als Männer. Nachdem jedoch die Mehrzahl der Krankenschwestern, Sozialarbeiter und Berater Frauen sind, spiegeln die ermittelten Geschlechtsunterschiede in diesem Fall vielmehr Unterschiede infolge der jeweiligen beruflichen Tätigkeit. Bei der Interpretation von Geschlechtsunterschieden müssen somit stets die Art der jeweiligen Tätigkeit sowie die berufliche Position berücksichtigt werden. So verfügen Frauen im Durchschnitt über ein geringeres Einkommen als Männer, auch sind sie in Führungspositionen unterrepräsentiert. Beruflich erfolgreiche Männer sind zudem in der Regel verheiratet, wohingegen beruflich

---

[52] Vgl. Greenglass, E. (1991), S. 564
[53] Vgl. ebd. S. 566
[54] Vgl. ebd. S. 562
[55] Vgl. ebd. S. 564
[56] Vgl. Greenglass, E. (1991), S. 566

erfolgreiche Frauen häufiger unverheiratet bleiben.[57] Im Zuge eines Burnouts sind es zudem Frauen, die ihre Erkrankung frühzeitiger wahrnehmen und ärztliche Hilfe aufsuchen, was sich wiederum auf die Angaben zur Prävalenz auswirken kann. Des Weiteren empfinden sie ihr Burnout seltener als Niederlage und gehen mit Rückschlägen im Genesungsprozess produktiver um.[58]

In einer vergleichenden Studie zwischen verheirateten und unverheirateten Lehrern wiesen unverheiratete Lehrer geringere Werte im Bereich der persönlichen Leistungsfähigkeit- einer der drei Burnoutkomponenten- auf. Verheiratete Lehrer erkrankten insgesamt seltener an Burnout als unverheiratete Lehrer. Maslach und Jackson (1985) verglichen zudem kinderlose Mitarbeiter mit Mitarbeitern, die ein oder mehrere Kinder hatten. Kinderlose Mitarbeiter waren häufiger von Burnout betroffen, was nach Maslach und Jackson in der Regel auf die erhöhte emotionale Unterstützung in der Familie zurückzuführen ist.[59] Eine Familie zu haben fungiert somit als protektiver Faktor gegen Burnout, und das unabhängig vom Geschlecht.[60]

Zusammenfassend lässt sich festhalten, dass es abgesehen von den hier aufgeführten Aspekten insgesamt nur geringfügige geschlechtsspezifische Unterschiede in Bezug auf das Burnoutsyndrom gibt. Die Forschung geht heute davon aus, dass geschlechtsspezifische Unterschiede stattdessen durch die Wechselbeziehungen von Burnout, Arbeit und Familie begründet sind.[61]

4. Phasenmodelle

Unabhängig vom jeweiligen Geschlecht werden verschiedene Phasen im Laufe der Krankheit registriert. In der Burnoutforschung existieren verschiedene Phasenmodelle, die in Abhängigkeit zum jeweiligen theoretischen Konzept zwischen drei (z.B. Lauderdale 1982) und zwölf Stadien (z.B. Freudenberger und North 1992) umfassen. Die ersten Phasen eines Modells erstrecken sich in der Regel über einen längeren Zeitraum, während die darauffolgenden Phasen schneller durchlaufen werden.

Die sogenannten „Five Stages of Disillusionment" von Edelwich und Brodsky aus dem Jahre 1980 beschreiben den Verlauf eines Burnouts in fünf Phasen. Bei diesem Phasenmodell handelt es sich um eines der ersten Modelle. Wie zu Beginn der Burnoutforschung üblich, gehen auch die Autoren dieses Phasenmodells davon aus, dass Burnout häufiger in helfenden Berufen auftritt. Im Zuge des Burnouts ziehen sich ursprünglich engagierte Mitarbeiter als Reaktion auf berufliche Belastungen von ihrer Tätigkeit zurück.[62]

---

[57] Vgl. ebd. S. 564
[58] Vgl. Nelting, M. (2010), S. 163
[59] Vgl. Greenglass, E. (1991), S. 564
[60] Vgl. ebd. S. 570
[61] Vgl. Greenglass, E. (1991), S. 565
[62] Vgl. Edelwich, J.; Brodsky, A. (1980), S. 1

1. Phase: Idealistische Begeisterung

   Diese Phase ist durch hochgesteckte Ziele und Selbstüberschätzung gekennzeichnet. Optimismus, ein hoher Energieeinsatz sowie eine sehr starke Identifikation mit der eigenen Arbeit sind ebenso charakteristisch.

2. Phase: Stillstand

   Das Leben wird zunehmend auf die Arbeit fokussiert und Kontakte werden fast ausschließlich zu Kollegen gepflegt. Man zieht sich zunehmend von Klienten zurück und vernachlässigt das Familienleben. Zudem kommt es zu ersten Enttäuschungen.

3. Phase: Frustration

   Gefühle der Machtlosigkeit und Inkompetenz treten auf. Betroffene beklagen einen subjektiv empfundenen Mangel an Anerkennung von Vorgesetzten und Klienten. Psychosomatische Erkrankungen häufen sich.

4. Phase: Apathie

   Es kommt zur Verzweiflung, Desillusionierung sowie letztendlich zur völligen Resignation und Gleichgültigkeit.

5. Phase: Intervention

   Diese Phase ist durch Selbstheilungsversuche gekennzeichnet.[63]

Ein detaillierteres Modell stammt von Freudenberger und North. Sie unterteilen den Burnoutprozess in zwölf Phasen, die in ihrer Reihenfolge jedoch nicht exakt so verlaufen müssen. Wie bei obigem Modell steht zu Beginn ein übertriebener Ehrgeiz, der im Zeitverlauf in Verbissenheit und Zwang mündet (Stadium 1). Mit der Intention, die selbst gesetzten Anforderungen zu erfüllen, wird der Einsatz zunehmend erhöht (Stadium 2). Infolge dieses außerordentlichen Engagements werden eigene Bedürfnisse zunehmend negiert und nicht mehr befriedigt (Stadium 3). Obwohl dieser Konflikt nun wahrgenommen wird, wird er dennoch verdrängt (Stadium 4). Daraufhin wird immer weniger Zeit in nichtberufliche Angelegenheiten investiert, deren Bedeutung schwindet kontinuierlich (Stadium 5). Während dies von Betroffenen häufig nicht wahrgenommen wird, ändern sich nun auch Denk- und Verhaltensmuster. Mangelnde Flexibilität und Intoleranz sind als Folge der verleugneten Überlastung kennzeichnend (Stadium 6). Auftretende Gefühle der Orientierungslosigkeit können durch eine zum Teil zynische Haltung kompensiert werden (Stadium 7). Im weiteren Verlauf treten nun Verhaltensveränderungen sichtbar zu Tage. Betroffene zeigen sich wenig

---

[63] Vgl. Zedler, C.; Schilling, J. (2012), www.burnout-info.ch (Stand 14.04.2014)

flexibel, ziehen sich emotional von ihrer Arbeit zurück und reagieren mit Abwehr auf Kritik (Stadium 8). Es folgt eine Phase der Depersonalisierung im Sinne eines Wahrnehmungsverlustes der eigenen Person und frühere Bedürfnisse werden nicht mehr empfunden (Stadium 9). Erschwerend können Suchtverhalten, Angstzustände und Gefühle der Nutzlosigkeit hinzukommen (Stadium 10). Motivation und Initiative sind nahezu nicht mehr vorhanden, an ihrer Stelle stehen nun Desinteresse und Sinnlosigkeit (Stadium 11). Die totale Erschöpfung, die zugleich lebensbedrohlich sein kann, bildet schließlich den Endpunkt (Stadium 12).[64]

Abb. 3: Phasenmodell nach Freudenberger

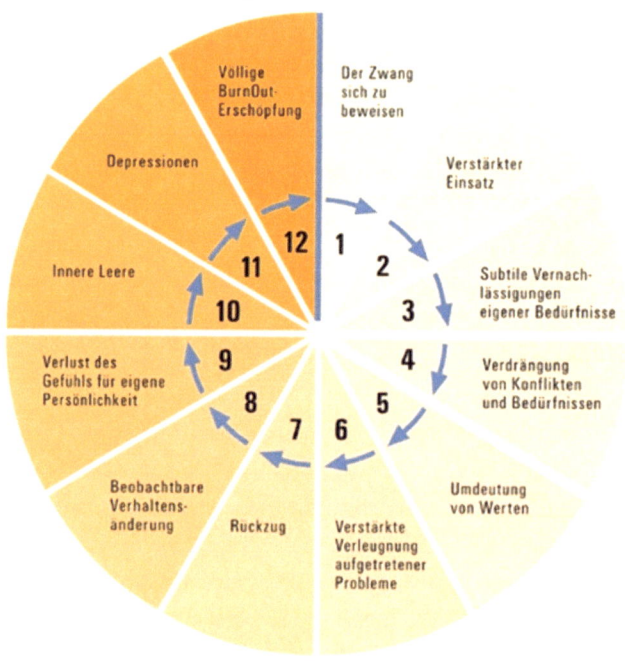

Quelle: Geiger, M. (2010), www.burnout-theorie.html

Zusammenfassend lässt sich festhalten, dass es sich beim Burnout um keine plötzliche Erkrankung, sondern- wie in den beiden Phasenmodellen ersichtlich- um einen prozesshaften Verlauf handelt. Wie sich auch in den Interviews herausstellte, ist dies den Betroffenen häufig nicht bewusst. Zu Beginn eines Burnoutprozesses standen für den Lebensplan große Herausforderungen, von denen man annahm, sie bewältigen zu können. Beispielhaft erwähnt sei hier der Lehrerberuf. Man denke beispielsweise an einen hoch motivierten Lehrer, der zu Beginn seiner beruflichen Laufbahn Schüler von seinem Fach begeistern

---

[64] Vgl. Berufsverband Deutscher Psychologinnen und Psychologen, (2014), www.bdp-verband.org (Stand 14.04.2014)

möchte und dessen ambitionierte Ziele nicht selten an der Realität des Schulalltags scheitern.

Infolge hoher persönlicher Investitionen in Form von Engagement, Zeit, Geld und Verzicht sowie durch das Erleben von Freude zu Beginn der Herausforderung, wird das Vorhaben fortgeführt, um Verluste und Niederlagen zu vermeiden. Zugleich setzt ein ressourcenaufreibendes Verbergen des inneren Erlebens vor anderen ein. Die Situation erscheint zunehmend konfliktreich und innerlich bedrohlich. Die Wahrnehmung des eigenen Problems sowie des eigenen Empfindens verengen sich, es tritt ein Verdrängungsprozess in Kraft, da das Eingestehen der Situation häufig zu schmerzhaft wäre. Die Erkenntnis, den falschen Weg gewählt zu haben, erklärt in der Folge auch das wachsende Gefühl der Sinnlosigkeit und den innerlichen Rückzug von seinem Umfeld. Zahlreiche Betroffene sind auch in der Lage, die Fassade nach außen aufrecht zu erhalten. Ergo bleiben der innere Rückzug und das Aufspalten in ein Innen und Außen häufig unbemerkt.

Auffällig und zugleich problematisch ist die die bei Betroffenen häufig vorhandene Fehleinschätzung über den eigenen Zustand. Selbst Personen, die in stationäre Behandlung gebracht werden, spielen zum Teil nach wie vor die Ernsthaftigkeit ihrer Lage herunter.[65] Die Suche nach Hilfe erfolgt somit nicht selten durch die Initiative von Menschen im Umfeld der Betroffenen, z.B. Ärzte, Arbeitskollegen oder Angehörige.[66]

5. Symptome

a. Merkmale im beruflichen Kontext

Beim Durchlaufen dieser verschiedenen Stadien treten zahlreiche Veränderungen zu Tage, z.B. in Bezug auf das Arbeitsverhalten. Mitarbeiter, die Kritik bisher produktiv aufgefasst haben, reagieren auf negatives Feedback zunehmend mit Verärgerung und Sarkasmus. Während Zusatzaufgaben bis dato gerne entgegengenommen wurden, wirken Betroffene nun selbst bei kleinen Belastungen vermehrt gereizt und überfordert. Allen Symptomen gemein ist die Tatsache, dass das Verhalten des Mitarbeiters vorher anders war.[67]

Psychisch belastete Mitarbeiter weisen in der Regel zudem hohe Ausfallzeiten in Form wiederholten Zuspätkommens oder häufiger Fehlzeiten auf. Des Weiteren sinkt die Effektivität des Arbeitsverhaltens, was sich in einem verlangsamten Arbeitstempo, zahlreicher Überstunden und einer gesteigerten Fehlerhäufung äußert. Neben diesen Leistungseinbußen lässt oftmalig auch das Engagement dieser Mitarbeiter nach. Hinzu kommt ein verändertes Sozialverhalten, infolgedessen sich Betroffene zurückziehen, verunsichert sind bzw.

---

[65] Vgl. Nelting, M. (2010), S. 36 u. 37
[66] Vgl. ebd. S. 13
[67] Vgl. Psychische Gesundheit in der Arbeitswelt, (2014), S. 81, www.psyga.info (Stand 14.04.2014)

ungeduldig und entnervt reagieren. Zum Teil sprechen belastete Mitarbeiter auch von starken Angstgefühlen sowie von Lebensüberdruss. Dieser merkliche Leidensdruck manifestiert sich auch in einer langandauernden bedrückten Stimmung sowie im häufigen Klagen über körperliche Beschwerden wie Schlafprobleme und Dauerinfekte, für die häufig keine medizinische Ursache gefunden werden kann.[68]

b. Psychosomatische Begleiterkrankungen

Ein Burnout ist von zahlreichen physiologischen Symptomen gekennzeichnet, die sich auf eine ständige Erregung des Sympathikus zurückführen lassen. Der Sympathikus gehört zusammen mit seinem Antagonisten Parasympathikus zum vegetativen (autonomen) Nervensystem. Während dem Parasympathikus die Steuerung des trophotropen (erholungsstützenden) Zustands obliegt, führt der Sympathikus zu einem ergotropen (leistungsvorbereitenden) Zustand. Der Sympathikus sorgt somit für einen Anstieg der Herzleistung, des Blutdrucks, des Blutzuckerspiegels, der Körpertemperatur sowie für eine Erweiterung der Pupillen.[69] Die im Nebennierenmark gebildeten Katecholamine Adrenalin und Noradrenalin vermitteln die Wirkung des sympathischen Nervensystems[70] und bereiten auf die sogenannte „fight or flight-Reaktion" vor.[71] Während die Aktivierung der physiologischen Stressreaktionen somit primär der Anpassung des Organismus an die Umwelt dient, führen langandauernde Belastungen hingegen zu zahlreichen Beeinträchtigungen.[72]

Zu den häufigsten Erkrankungen im Burnout zählen somit neben Panikattacken und Depression, Herzinfarkt, Bluthochdruck, Störungen des Immunsystems, Tinnitus, Hörsturz, Hyperakusis, Diabetes, Magenbeschwerden, Rücken- sowie Kopfschmerzen, Schlafstörungen, Störungen der Potenz, der Libido und der Fruchtbarkeit, Suchterkrankungen und Suizidtendenzen. Letzteres zählt neben den Herz-Kreislaufproblemen zu den lebensbedrohlichen Gefahren, da z.B. das infolge des Burnouts erhöhte Herzinfarktrisiko häufig durch falsche Essgewohnheiten, Bewegungsmangel, Auswirkungen von Alkohol, Zigaretten und Medikamenten noch zusätzlich verschärft wird. Die Mehrheit der genannten Symptome wird jedoch gelindert, sobald sich die Burnouterkrankung verbessert.

Bereits vor dem Burnout vorliegende Erkrankungen und Symptome können sich im Zuge der Burnouterkrankung verschlechtern. Bei neu auftretenden Symptomen kann es sich um Folgen des Burnouts, aber auch um gleichzeitig auftretende Erkrankungen handeln. Diese Frage lässt sich häufig erst in der Behandlung abschließend klären, wenn chronische Erkrankungen im Rahmen der Burnoutbehandlung geheilt werden.

---

[68] Vgl. ebd. S. 80
[69] Vgl. Rössler, G.; Mack, W. (2013), S. 41
[70] Vgl. ebd. S. 47
[71] Vgl. ebd. S. 48
[72] Vgl. Kottwitz, M. (2014), www.uni-marburg.de (Stand 14.04.2014)

Während die körperlichen Beeinträchtigungen in der Schulmedizin zumeist isoliert im Sinne eines eigenständigen Krankheitsbildes betrachtet werden, wird in der Naturheilkunde sowie in der Traditionellen Chinesischen Medizin eine ganzheitliche Betrachtung des Menschen angestrebt. Forschungsbefunde legen zudem nahe, dass selbst zeitlich getrennt auftretende Symptome einen Zusammenhang aufweisen, weshalb Symptome eine Dysfunktion des Gesamtsystems Mensch widerspiegeln.[73]

c. Kognitive und behaviorale Merkmale

Auf kognitiver Ebene führt ein durch zunehmende Rigidität geprägter Denkstil zu einer inneren Ablehnung gegenüber Neuerungen. Die im Arbeitskontext angeführten Konzentrationsstörungen haben zudem ebenso Einfluss auf das Privatleben und werden auf motorischer Ebene nicht selten von nervösen Ticks und Stimmungsschwankungen begleitet. Gefühle des Versagens, Gleichgültigkeit und Frustration münden zudem häufig in intrafamiliären Konflikten. Auf behavioraler Ebene kommen partiell dysfunktionale Bewältigungsmechanismen wie der Konsum von Alkohol, Zigaretten oder Drogen erschwerend hinzu.[74]

6. Burnoutprävention

a. Prävention in mittelständischen Unternehmen in Mainfranken

Mit der Intention, die dargestellten Symptome gar nicht erst aufkeimen zu lassen, befassen sich zahlreiche Unternehmen, Führungskräfte und Einzelpersonen mit der Frage nach der Burnoutprophylaxe. Insbesondere Unternehmen sind in der Pflicht (§§ 3-5 Arbeitsschutzgesetz sowie weitere Bestimmungen), ihre Mitarbeiter vor den gesundheitlichen Auswirkungen eines Burnoutsyndroms zu schützen. Die qualitative Pilot-Studie „Gesunde Mitarbeiter=Gesunde Unternehmen!?" widmet sich dem Thema Burnout-Prävention in mittelständischen Unternehmen der Wirtschaftsregion Mainfranken und kommt zu folgenden Ergebnissen:

Eine große Zahl mittelständischer Unternehmen hat in der Vergangenheit Burnoutfälle verzeichnet, eine detaillierte Ursachenforschung blieb jedoch aus. Betroffene waren meist auf der Fach- und mittleren Führungsebene tätig sowie auf der Ebene der Unternehmensführung. Ausfälle von mehreren Monaten bis zu über einem Jahr sind die Regel, ebenso arbeiten zahlreiche Betroffene nach ihrer Rückkehr nur noch in Teilzeit. Ein betriebliches Eingliederungsmanagement erwies sich zur schrittweisen Integration nach längerer Krankheitsphase als hilfreich. Besonders problematisch wurde die Arbeitsverdichtung eingestuft,

---

[73] Vgl. Nelting, M. (2010), S. 46-48
[74] Vgl. Imedo. (2014), www.hilfe-bei-burnout.de

da mehr Aufgaben auf eine Stelle entfallen und die Arbeitszeit verkürzt wird. Die permanente Erreichbarkeit kommt insbesondere auf mittlerer Führungsebene erschwerend hinzu. Burnoutprävention fand bisher in erster Linie einzelfallorientiert auf operativer Ebene statt. Betriebliche Maßnahmen wie Gesundheitstage etc. werden positiv aufgenommen, jedoch fehlen bisher eine auf Nachhaltigkeit ausgerichtete Evaluation sowie eine Einbindung präventiver Maßnahmen auf strategischer Ebene. Als besonders erfolgreich erwiesen sich Coaching- Maßnahmen, die jedoch bisher nur von vereinzelten Unternehmen offeriert wurden. Umfangreichere Maßnahmen werden häufig infolge hoher zeitlicher und finanzieller Belastungen nicht durchgeführt, da dies mittelständischen Unternehmen mehr Schwierigkeiten bereitet. Ausgleichend hierzu wird oft eine besonders familiäre Unternehmenskultur gepflegt, die sich ebenso präventiv gegen die Entstehung von Burnoutfällen auswirkt.[75]

b. Verhaltens- und Verhältnisprävention

Die Darstellung lokaler Gegebenheiten verdeutlicht noch einmal die Relevanz der betrieblichen Gesundheitsförderung. Im Zuge dessen lassen sich Verhaltens- und Verhältnisprävention voneinander abgrenzen. Die Verhaltensprävention bezieht sich auf das Verhalten des einzelnen Mitarbeiters im Kontext seiner beruflichen Tätigkeit. Intendiert wird hierbei eine am Individuum ansetzende Reduktion gesundheitsgefährdender Verhaltensweisen sowie psychischer Belastungen. Maßnahmen der Verhaltensprävention zielen somit auf den Ausbau gesundheitsförderlicher Verhaltensweisen ab und sind in erster Linie an Personen adressiert. Maßnahmen der Verhaltensprävention inkludieren Informationsveranstaltungen zu gesundheitsrelevanten Themen sowie Möglichkeiten der Verhaltensoptimierung wie Bewegungsprogramme und Ernährungskurse. Des Weiteren zählen Entspannungsverfahren, die Auseinandersetzung mit eigenen Lebenszielen und inneren Antreibern sowie das Hinterfragen deren Sinnhaftigkeit zur Verhaltensprävention.

Die Verhältnisprävention bezieht sich im Gegensatz hierzu auf die Arbeitsbedingungen. Im Fokus stehen hierbei die gesundheitsgerechte Gestaltung der Arbeitsmittel, der Arbeitsstätte sowie des Arbeitsplatzes. Belastungen in der Arbeitsumwelt sollen auf Grundlage einer Gefährdungsbeurteilung minimiert und gesundheitsgefährdende Faktoren eliminiert werden. Maßnahmen der Verhältnisprävention verfolgen somit das vorrangige Ziel der Verbesserung gesundheitsförderlicher Arbeitsstrukturen. Hierzu zählen die ergonomische Ausgestaltung des Arbeitsplatzes und der Arbeitsmittel sowie die Erweiterung von Handlungsspielräumen.[76] Weitere Aspekte betreffen die Themen Arbeitszeitorganisation, Workflow, Schutz vor Überlastung, gesunde Führung und Wertschätzung.

---

[75] Vgl. Beckhäuser, M. (2013), S. 24 u. 25
[76] Vgl. Arbeitssicherheit.de, (2013), www.arbeitssicherheit.de (Stand 14.04.2014)

c. Betriebliche Gesundheitsförderung und Gesundheitsmanagement

Die im Zuge der Verhaltensprävention angeführten Maßnahmen wie Yogakurse, Stresspräventionsprogramme und Ernährungskurse zählen zur betrieblichen Gesundheitsförderung. Hierbei handelt es sich in der Regel um einzelne vorbeugende Maßnahmen, die von zahlreichen Firmen offeriert werden und oftmalig „Feigenblattcharakter" aufweisen. Eine intensive Auseinandersetzung mit unternehmensinternen Prozessen, Aufgaben und Werten unterbleibt hierbei, weshalb sich die Mehrzahl der Unternehmen auf gesundheitsförderliche Maßnahmen beschränkt.[77] Ein echtes betriebliches Gesundheitsmanagement impliziert hingegen eine detaillierte Ursachenforschung mit den daran anschließenden Phasen Analyse, Konzept, Durchführung und Evaluation. Denn erst wenn die Gründe für eine steigende Zahl psychisch belasteter Mitarbeiter ermittelt wurden, können entsprechende Maßnahmen greifen.[78] Das betriebliche Gesundheitsmanagement zielt somit auf die Berücksichtigung gesundheitsrelevanter Fragen bei sämtlichen unternehmensbezogenen Entscheidungen ab. Obgleich sich Unternehmen weder vom Einfluss gesellschaftlicher noch wirtschaftlicher Entwicklungen (Globalisierung, Rationalisierung) befreien können, besteht dennoch die Möglichkeit bzw. die Pflicht, günstige Arbeitsbedingungen zu schaffen und gleichzeitig am globalen Wettbewerb zu partizipieren.[79]

d. Verhältnisprävention

Um der Entstehung von Burnout- und Erschöpfungssymptomen im eigenen Unternehmen entgegenzuwirken, sind im Rahmen einer Arbeits- und Organisationsanalyse zunächst Personalauswahlverfahren und Anforderungsprofile bei Stellenbesetzungen zu überprüfen. Das Identifizieren arbeitssuchtfördernder Bedingungen bildet hierbei die Basis, um dysfunktionale Verhaltensweisen nicht zu schüren. Kritisch zu hinterfragen sind hierbei beispielsweise Stellenausschreibungen, in denen „hochmotivierte Workaholics" explizit gesucht werden. Der Fehlzeitenreport zieht hier den Vergleich zu einer Brauerei, die auf der Suche nach „einem trinkfesten Geschäftsführer" ist. Des Weiteren sind angesichts der empirischen Evidenz dispositioneller Faktoren im Zusammenhang mit dem Burnoutsyndrom entsprechende Persönlichkeitstests bei der Personalauswahl flächendeckend zu implementieren.
In Folge müssen Anreizsysteme, Arbeitszeit-, Pausen- sowie Urlaubsregelungen auf den Prüfstand gestellt werden. Exemplarisch seien an dieser Stelle die Urlaubstage angeführt, die von Mitarbeitern genommen und nicht ausgezahlt werden sollten. Ebenso hierzu zählt die Erreichbarkeit außerhalb der beruflichen Tätigkeit.

---

[77] Vgl. Vertiefende Expertenbefragung 1, Frage 2
[78] Vgl. Vertiefende Expertenbefragung 1, Frage 3
[79] Vgl. Vertiefende Expertenbefragung 2, Frage 1

Eine erhöhte Sensibilisierung der Führungskräfte und Mitarbeiter kann überdies dazu beitragen, gefährdete Personen zu identifizieren und etwaige eigene Anzeichen wahrzunehmen. Coachings und Schulungen können die Unsicherheit im Umgang mit belasteten Mitarbeitern verringern und zugleich das persönliche Ressourcen- und Stressmanagement optimieren.

Weitere potenzielle Maßnahmen sind Karriereentwicklungsprogramme, eine anforderungs- und leistungsgerechte Strukturierung von Aufgaben sowie Partizipationsmöglichkeiten in Gruppen. Eine Optimierung der sozialen Beziehungen kann durch Rollenanalysen, soziale Unterstützung und Teamentwicklung erzielt werden. Auf individueller Ebene können vom Unternehmen angebotene Stressbewältigungsprogramme einen Beitrag dazu leisten, ein Gleichgewicht zwischen persönlichen Bedürfnissen und Arbeitsanforderungen herzustellen.[80] Voraussetzung hierfür ist jedoch zugleich die individuelle Bereitschaft des Einzelnen, internalisierte Verhaltensweisen zu reflektieren und daraufhin zu modifizieren.

(1) Soziale Unterstützung am Arbeitsplatz

Neben diesen Optimierungsmöglichkeiten wurde im Rahmen einer Studie der Bundesanstalt für Arbeitsschutz und Arbeitsmedizin zum Thema „Mitarbeiterorientiertes Führen und soziale Unterstützung am Arbeitsplatz" der Einfluss des Führungsverhaltens auf das psychische und physische Wohlbefinden der Mitarbeiter untersucht.[81] Eine positive Korrelation von Führung und Mitarbeitergesundheit wurde bereits in der Vergangenheit empirisch belegt. Infolge eines Wechsels der Führungskraft von einem Team mit hohen zu einem Team mit niedrigen Fehlzeiten konnte zum Beispiel ein signifikanter Anstieg der Fehlzeiten im neuen Team registriert werden. Eine Reduktion der Fehlzeiten konnte hingegen im Zuge mitarbeiter- und mitwirkungsorientierter Führungsstile erzielt werden. Demgegenüber führen primär aufgabenfokussierte Führungsstile im Sinne einer autoritären Führung zu einem Anstieg der Fehlzeiten. Neben der Art des Führungsverhaltens können Faktoren wie das Vorenthalten von Informationen, ein Übermaß an Kontrolle sowie unrealistische Leistungsziele die Belastung der Mitarbeiter zusätzlich erhöhen. Wenngleich Führungskräfte in Abhängigkeit zur jeweiligen hierarchischen Position ebenso an betriebsinterne Vorgaben gebunden sind[82], ist soziale Unterstützung am Arbeitsplatz unabdingbar. Folgende empirisch belegte Zusammenhänge veranschaulichen dies:

Unterstützung durch Vorgesetzte führt zu einem Anstieg der Arbeitszufriedenheit. Beispielsweise zeigen Mitarbeiter, die in ihrem Beruf ausreichend soziale Unterstützung erfahren, deutlich weniger psychosomatische Beschwerden, sind bei der Arbeit weniger gereizt und

---

[80] Vgl. Badura, B. u.a. (2013), S.111
[81] Vgl. Spieß, E.; Stadler, P. (2003), S. 1
[82] Vgl. ebd. S. 7

entwickeln seltener ein Burnout. Sie verzeichnen zudem höhere Werte in Bezug auf die individuelle Lebenszufriedenheit im Vergleich zu Personen, die angaben, wenig soziale Unterstützung durch ihre Vorgesetzten bei ihrer Tätigkeit zu erfahren. Ein subjektiv empfundener Mangel an sozialer Unterstützung erhöht zudem die Fluktuationsbereitschaft. Auf physiologischer Ebene beklagen Personen mit geringer sozialer Unterstützung häufiger Schulter- und Nackenbeschwerden, weisen ein zweieinhalbfach erhöhtes Risiko auf, Rückenbeschwerden zu entwickeln und sind häufiger von Herz-Kreislauferkrankungen betroffen. Eine ausreichende Unterstützung erhöht somit sowohl die Stressresistenz als auch das allgemeine Wohlbefinden.[83] Die Bundesanstalt für Arbeitsschutz und Arbeitsmedizin fasst unter sozialer Unterstützung emotionale Unterstützung in Form von Anteilnahme und Vertrauen, Feedback (z.B. soziale Bestätigung), Orientierungshilfe (Rat) sowie informative Unterstützung.[84]

e. Verhaltensprävention

(1) Konzept der Selbststeuerung nach Howard Gardner

Prävention auf organisatorischer Ebene kann nur greifen, wenn Einzelpersonen ebenso involviert werden. Eine Auseinandersetzung mit eigenen Lebenszielen ist im Zuge einer erfolgreichen Prävention somit unabdingbar. Das vom Psychologieprofessor der Harvard Universität entworfene Konzept der Selbststeuerung fokussiert sich auf den Kern des Burnoutsyndroms und wurde empirisch mehrfach belegt. Im Zentrum des Modells stehen drei existentielle Fragen, die eine Reflexion über individuelle Verhaltens- und Denkmuster implizieren.

1. Wer bin ich?
2. Was will ich?
3. Wie kann ich meine Ziele effizient erreichen?

Zu 1) Die erste Frage klingt zunächst trivial. Es geht primär darum, sich über seine eigenen Stärken und Schwächen im Klaren zu sein und ein realistisches Bild der eigenen Identität zu entwickeln. Beim Burnout handelt es sich letztendlich immer auch um eine Differenz zwischen wahrgenommenen Ressourcen und Anforderungen. Bin ich mir meiner persönlichen Ressourcen jedoch nicht bewusst, nimmt die Gefahr der Überforderung zu. Empirisch ist belegt, dass eine große Differenz zwischen Soll- und Ist-Kompetenz wesentlich zur Depersonalisation, eine der drei Burnoutkomponenten, beiträgt. Erst wenn jemand über ein

---

[83] Vgl. Spieß, E.; Stadler, P. (2003), S. 10
[84] Vgl. ebd. S. 15

realistisches Bild seiner Kompetenzen verfügt, kann er sein Aufgabenspektrum entsprechend anpassen. Weist eine Person eine geringe Selbstwirksamkeitserwartung auf, in dem Sinne, dass sie ihre eigenen Fähigkeiten unterschätzt, fühlt sie sich konsequenterweise schneller überfordert als jemand, der über eine hohe Selbstwirksamkeitserwartung verfügt. An dieser Stelle verweise ich wieder auf Neurotizismus als Prädiktor für Burnout sowie auf Extraversion als protektiver Faktor.

Im Rahmen der Studie „Social Cognitive Theory of Self-Regulation" von dem kanadischen Psychologen Albert Bandura wird die Relevanz dieser Frage ebenso belegt:[85] Die Selbstwirksamkeitserwartung, über die jemand verfügt, hat demnach einen wesentlichen Einfluss auf die Entscheidungen, die jemand trifft (Beispiel: Entscheide ich mich für eine schwierige Aufgabe, weil ich denke, dies schaffen zu können oder bin ich bei kleinen Herausforderungen überfordert und entscheide mich deshalb für eine geringere Herausforderung?), auf antizipierte Wünsche sowie auf die Anstrengungen, die jemand unternimmt, um etwas zu erreichen und auftretende Schwierigkeiten zu überwinden. (Nach dem Motto: Es hat keinen Sinn sich anzustrengen, ich kann das sowieso nicht oder man ist überzeugt, dass man es kann und investiert in Folge viel Zeit und Mühe, da man annimmt, dass es sich lohnen wird). Des Weiteren spiegelt sich die Selbstwirksamkeitserwartung in entweder förderlichen oder negativen Denkmustern (ich schaffe das oder ich werde sowieso wieder versagen), was sich in der Konsequenz ebenso auf das individuelle Stresserleben und die Bewältigung belastender Faktoren auswirkt. Ergo ist es unabdingbar, die Überzeugung in die eigene Handlungsfähigkeit zu stärken und eine realistische Einschätzung individueller Kompetenzen zu entwickeln.[86]

Zu 2) Die Bedeutung der Frage „Was will ich?" wird offenkundig, wenn man den Bogen zurück zu den Ursachen spannt. Eine der Hauptursachen des Burnouts liegt in einer fehlenden Übereinstimmung mit inneren Zielen und persönlichen Wertemustern begründet. Es geht somit im Wesentlichen darum, sich seine Motive bewusst zu machen. Im Falle einer Kongruenz innerer Motive und Ziele, werden Energien mühelos mobilisiert und die Arbeit fällt einem leicht. Das erlebt man beispielsweise, wenn man an etwas arbeitet, das einen sehr interessiert und einem Freude bereitet. Dabei vergeht die Zeit häufig wie im Flug („Flowerleben"). Im Gegensatz dazu verbrauchen Tätigkeiten, die den eigenen Zielen und Werten zuwiderlaufen viel Energie (Volition). Aus diesem Grund sind fehlende bzw. abweichende Ziele ein wesentlicher Prädiktor des Burnoutaspekts emotionale Erschöpfung. Hierdurch lässt sich erklären, warum es so wesentlich ist, Mitarbeiter an Zielvereinbarungen zu beteiligen und Arbeitsaufträge stets zu begründen.

Auch hierfür liefert Bandura eine Erklärung: Demnach wirkt sich eine klare Zielsetzung unweigerlich auf die darauffolgende Motivation des Einzelnen aus. Diejenigen, die über keine

---

[85] Vgl. Boeree, G. (2006), www.social-psychology.de (Stand 14.04.2014)
[86] Vgl. Bandura, A. (1991), S. 257

klaren Ziele verfügen, werden sich in Folge signifikant weniger anstrengen als diejenigen, die über eine klare Zielsetzung verfügen.[87] Und je mehr jemand von seinen eigenen Kompetenzen überzeugt ist, desto höhere Ziele wird er sich setzen.[88]

Zu 3) Die Frage des effizienten Umgangs zielt auf die persönliche Leistungsfähigkeit ab. Ein sparsamer Umgang mit geistigen und zeitlichen Ressourcen ist hierbei unabdingbar.[89]

(2) Internalisierte „belief systems"

Glaubenssätze, über die ein Mensch verfügt, hängen eng mit obigem Modell zusammen und werden an dieser Stelle nochmal genauer beleuchtet. Jeder Mensch verfügt über einen auf der bisherigen Lebensgeschichte basierenden Lebensplan, der sich aus zahlreichen Einzelerlebnissen zusammensetzt. Eine innere Haltung, individuelle Glaubenssätze (z.B. „Ohne Fleiß kein Preis") und Überzeugungen fungieren in Folge als Wegweiser für die Einschätzung von Situationen, für das eigene Denken und Handeln. Diese Glaubenssätze haben einen großen Einfluss. In der Regel wird jedoch nicht in Frage gestellt, inwiefern sie für die aktuellen Lebensverhältnisse noch förderlich sind. Erst einschneidende Ereignisse führen in der Regel zum Hinterfragen bestehender Überzeugungen. Burnoutanfällige Personen verfügen häufig über einschränkende oder vorantreibende Überzeugungen, die den Eintritt in den Abwärtsprozess begünstigen. Ebenso häufig münden Selbsttäuschungen in ein Burnout und verstärken sich im weiteren Verlauf des Burnoutsyndroms.[90] Forschungsbefunde belegen jedoch, dass die innere Einstellung durchaus modifizierbar ist. Hierfür notwendig sind neue Erlebnisse, wodurch innere Einstellungen revidiert werden und neue Möglichkeiten eröffnet werden. Als Ziel wird die Erkenntnis antizipiert, auch andere Entscheidungen treffen zu können als die, die unserer Lebensgeschichte entspricht.[91]

(3) Veränderungen im Alltag

Neben dieser grundlegenden Auseinandersetzung mit eigenen Zielen und Werten können ebenso einfache Verhaltensänderungen einen wesentlichen Beitrag zur Burnoutprohylaxe leisten, sofern sie sukzessive in den Alltag integriert werden. Hierdurch kann das individuelle Stresserleben reduziert werden. Ein bewusster Umgang mit Medien, Entspannungstechniken und körperliche Aktivität können dabei hilfreich sein.

---

[87] Vgl. Bandura, A. (1991), S. 251
[88] Vgl. ebd. S. 258
[89] Vgl. Psyonline. (2014), www.psyonline.at (Stand 14.04.2014)
[90] Vgl. Nelting, M. (2010), S. 72-76
[91] Vgl. ebd. S. 338

(3a) Umgang mit Medien

In der heutigen von einer Informationsflut geprägten Gesellschaft wird die Aufmerksamkeits-kapazität des Gehirns stark beansprucht. Ein sinnvoller Umgang mit Medien ist somit unabdingbar. In der Studie „A field test of the quiet hours as a time management technique" wurden die Auswirkungen der Einführung einer Telefon- und E-Mail freien Stunde im beruflichen Kontext untersucht, die sich ebenso auf das Privatleben transferieren lassen. Während der „ruhigen Stunde" wurden bei den zu bearbeitenden Aufgaben bessere Ergeb-nisse erzielt als bei vergleichbaren Aufgaben an einem Tag ohne „ruhige Stunde". Insgesamt war die allgemeine Leistungsfähigkeit an Tagen mit einer „ruhigen Stunde" höher als an Tagen ohne „ruhige Stunde" (Gewissenhaftigkeit fungierte hierbei als Moderatorvariable).[92]

Eines der Probleme der heutigen Mediennutzung liegt in erster Linie darin begründet, dass sie neu sind und der Umgang mit ihnen erst erlernt werden muss. Typische kommunikative Verhaltensweisen wie man sie aus zwischenmenschlichen Begegnungen im Alltag kennt folgen anderen Regeln als z.B. die Kommunikation via Smartphone. Generell ist festzuhal-ten, dass der Mensch auf reale Kommunikation und Begegnung ausgerichtet ist, da ansons-ten die Entwicklung sozialer Kompetenz eingeschränkt ist (insbesondere bei Kindern). Ein ausgeprägtes soziales Netz kann bei der Wahl und Begrenzung medialer Nutzung helfen. Für den Alltag ist es beispielsweise hilfreich, einer Phase passiver Betätigung z.B. mit dem Internet eine Phase der Bewegung anzuschließen.[93] Ebenso empfehlenswert ist die Einfüh-rung eines Handy- bzw. E-Mail-freien Tages.

(3b) Entspannungstechniken

Die positiven Effekte von Entspannungstechniken und Meditation sind in der Wissenschaft vielfach belegt. Im Rahmen des Forschungsprojekts „Training attention: Effects of meditation on thinking and problem solving" wurde beispielsweise herausgefunden, dass regelmäßige Meditation sowohl die Problemlösefähigkeit als auch produktive Denkprozesse fördert.[94] Eine Studie unter Lehrern, die über einen Zeitraum von fünf Wochen zweimal wöchentlich meditiert haben, führte zudem zu einer signifikanten Reduktion des subjektiven Stresserle-bens.[95]

Um sich selbst vor der Entstehung eines Burnouts zu schützen, empfehlen sich folglich diverse Entspannungstechniken. Das Grundprinzip hierbei lautet Achtsamkeit. Meditation, Yoga oder Qi-Gong können dabei helfen, Spannungen abzubauen und Stress zu reduzieren. Sie bilden gleichzeitig einen Gegenpol zur allgegenwärtigen Informationsüberflutung und

---

[92] Vgl. Höhmann, W.; Kleinmann, M.; König, C. (2013), S. 1
[93] Vgl. Nelting, M. (2010), S. 357-359
[94] Vgl. Powers, E. (2014), S. 1
[95] Vgl. Anderson, V. u.a. (1999), S. 1

helfen, den physischen und psychischen Zustand eines Menschen zu regulieren. Da Zeiten des Nichtstuns in der Regel kein Bestandteil unseres Alltags sind, ist es hilfreich, die Muße- zeiten insbesondere zu Beginn mit in den Tagesablauf zu integrieren. Ein Gleichgewicht zwischen Herausforderungen und Entspannungszeiten beugt somit der Entstehung eines Burnoutsyndroms vor.[96]

(3c) Körperliche Aktivität und Ernährung

Ein Zusammenhang zwischen Burnout und Übergewicht wurde bereits untersucht. Hierbei wurde die Hypothese aufgestellt, dass Burnout im Durchschnitt zu einem Gewichtsanstieg führen würde, was jedoch nicht bestätigt werden konnte. Dennoch spielt die Ernährung im Rahmen einer gesunden Lebensführung eine entscheidende Rolle. Problematisch wird es jedoch, wenn dem Sättigungsgefühl infolge einer schnellen und gehetzten Nahrungsaufnah- me keine Aufmerksamkeit mehr gewidmet wird (was wohl u.a. auch zur Aufstellung obiger Hypothese geführt hat). Hinzu kommen nicht selten ungelöste emotionale Probleme wie z.B. Einsamkeit, die oftmals auf der Ebene der Nahrungsaufnahme gelöst werden. Dies äußert sich dann beispielsweise in einem permanenten zu viel oder auch zu wenig essen.

Die Bedeutung körperlicher Aktivität im Zuge der Burnoutprophylaxe lässt sich durch folgende Befunde beispielhaft veranschaulichen: Um herauszufinden, ob eine Steigerung der physischen Aktivität zu einer Verbesserung der psychischen Gesundheit beiträgt, wurden über einen Zeitraum von sechs Jahren über 3700 Pflegekräfte untersucht. Die Ergebnisse belegten, dass eine Steigerung der körperlichen Aktivität zu einem deutlichen Rückgang der Symptome in den Bereichen Depression, Angstzustände und Burnout führt.[97] Den Gegenpol hierzu bilden hingegen an Burnout erkrankte Leistungssportler wie beispielsweise der ehemalige Skispringer Sven Hannawald oder der Fußballtorhüter Markus Miller.[98] Unabhän- gig davon kann eine Verbesserung der körperlichen Fitness zu einer erhöhten Stresstoleranz und zu mehr Lebensenergie führen. Dies trifft insbesondere auf überwiegend sitzende Tätigkeiten zu.[99]

---

[96] Vgl. Nelting, M. (2010), S. 347
[97] Vgl. Ahlborg, G. (2013), S. 1
[98] Vgl. DieWelt, (2011), www.welt.de (Stand 14.04.2014)
[99] Vgl. Seiwert, L.; Tracy, B. (2007), S. 104 u. 105

7. Behandlung

Neben der Prävention als Königsweg haben sich zahlreiche Behandlungsmethoden auch bei bereits fortgeschrittenem Burnout als erfolgreich erwiesen. Das Kernproblem der Therapie von Burnout ist die Tatsache, dass das Syndrom nicht als eigenständiges Krankheitsbild definiert ist. Zahlreiche Symptome können auf ein Burnout hinweisen, das früh erkannt, am besten zu behandeln ist. Während die Behandlung stets an die Lebenssituation des Betroffenen angepasst werden muss, steht an oberster Stelle stets die Linderung physischer Beschwerden sowie das Erkennen der Stressfaktoren. Ein vier Stufen umfassendes Behandlungsprogramm setzt sich zudem aus folgenden Elementen zusammen:

1. Entspannung
2. Überprüfung eigener Erwartungen und des Anspruchs an sich selbst
3. Identifikation und Reduktion von Stressoren im Umfeld
4. Aktivierung von Unterstützungssystemen

In einem ersten Schritt wird den Betroffenen empfohlen, sich zunächst körperlich über einen längeren Zeitraum zu entspannen. Dies kann in Form eines ausgedehnten Urlaubs oder einer längeren Auszeit vom Alltag erfolgen. Dies kann aber lediglich als Beginn der Behandlung betrachtet werden und ist insbesondere bei schwerwiegenden Burnoutfällen keinesfalls ausreichend.

Im darauf folgenden zweiten Schritt werden die Betroffenen angehalten, sowohl ihre Ansprüche an sich selbst als auch ihre Erwartungen an die eigene Leistung zu überprüfen. Grundlegende Motivationssysteme und unrealistische Erwartungen müssen analysiert und gegebenenfalls revidiert werden.[100] Hierzu zählen innere Antreiber wie „Sei perfekt!", „Streng Dich an!", „Mach es den anderen recht!" und „Sei stark!", die oftmalig bereits in der Kindheit verinnerlicht wurden.[101] Das Ziel dieser Therapiephase besteht somit in erster Linie darin, sich von seinem Streben nach Perfektion zu distanzieren und sich bestenfalls nicht mehr allein über seine Arbeit zu definieren.

Schließlich müssen auch die belastenden Stressoren im Umfeld der Betroffenen erkannt und reduziert werden, da nur so die Möglichkeit besteht, das Burnout dauerhaft zu überwinden. Dies kann im Einzelfall auch einen Wechsel des Arbeitsplatzes bedeuten, oft genügt jedoch auch eine Veränderung am bisherigen Arbeitsplatz z.B. in Form eines neuen Tätigkeitsfeldes. Eine Veränderung der Arbeitszeiten, das Delegieren von Aufgaben, eine Weiterbildung und auch ein intensiverer Austausch mit Kollegen sind hierbei ebenso hilfreich. Besonders wichtig ist hierbei auch die Unterstützung aus dem sozialen Umfeld wie Freunde und Familie. Trivial anmutende aber zugleich grundlegende Bestandteile der Burnoutbehandlung sind das Einhalten von Pausen sowie ein gesunder Lebensstil. Die Wiederherstellung einer Balance

---

[100] Vgl. Wolff, V. (2014), www.sueddeutsche.de (Stand 14.04.2014)
[101] Vgl. Wellensiek, S. (2011), S. 335 u. 336

von Arbeit und Freizeit zählt demnach zu den wesentlichen Zielen einer Therapie und fördert zugleich das Wohlbefinden der Betroffenen.

Bei schwerwiegenden Burnoutsyndromen empfiehlt sich zusätzlich eine Psychotherapie, insbesondere die Verhaltenstherapie, die sowohl ambulant als auch stationär erfolgen kann. Betroffene erhalten hierdurch die Möglichkeit, ihre eigenen Gefühle deutlicher wahrzunehmen, eigene Denk- und Verhaltensmuster zu modifizieren und somit Überforderungen im Alltag zu reduzieren.[102]

a. Behandlung mit Antidepressiva

Im Rahmen der Behandlung des Burnoutsyndroms erhalten viele Betroffene die Diagnose einer Erschöpfungsdepression, infolgedessen oftmalig die Behandlung mit Antidepressiva initiiert wird. Dies kann sich jedoch negativ auf den Krankheitsverlauf auswirken. Während es sich beim Burnout um das Resultat extremer Erschöpfung handelt, sind andere Depressionen in der Regel durch Antriebslosigkeit gekennzeichnet. Erfolgt nun eine Behandlung mit Antidepressiva, wirkt sich dies antriebssteigernd auf die betroffene Person aus. Dies kann im schlimmsten Fall die Suizidgefahr zusätzlich erhöhen, da Personen mit schwerem Burnout bereits gegen ihren inneren Antrieb kämpfen, um nicht tiefer in die Erschöpfung zu sinken. Die antriebssteigernde Wirkung der Antidepressiva kann nun dazu führen, dass „die Personen erneut in den Teufelskreis des Müssens und der inneren Peitsche getrieben werden."[103]

II. Auswertung der Befragungen

Nachstehend erfolgt eine vergleichende Gegenüberstellung von Expertenbefragungen und ehemaligen Betroffenen. Insgesamt wurden acht Personen im Zeitraum von Januar bis April 2014 befragt. Zwei der befragten Experten waren in der Vergangenheit zudem selbst an einem Burnout erkrankt. Bei allen befragten Betroffenen lag der Zeitpunkt der Erkrankung bereits mehr als zwei Jahre in der Vergangenheit. Die befragten Experten waren in erster Linie im Gesundheitswesen sowie im Personalbereich in Führungspositionen tätig.

Als diagnostische Verfahren zur Datenerhebung wurden Interviews durchgeführt. Hierbei handelt es sich um „eine zielgerichtete mündliche Kommunikation zwischen einem oder mehreren Befragten, wobei eine Informationssammlung über das Erleben und Verhalten der zu befragenden Person(en) im Vordergrund steht."[104]

Da sämtliche Interviews auf einem Gesprächsleitfaden basieren, handelt es sich um teilstrukturierte bzw. teilstandardisierte Interviews. Bestimmte Themen (wie z.B. die Frage nach der

---

[102] Vgl. Wolff, V. (2014), www.sueddeutsche.de (Stand 14.04.2014)
[103] Vgl. Wellensiek, S. (2011), S. 335 u. 336
[104] Keßler, H. (1988), S. 363

Chance des Burnouts und der Prävention) waren somit vorab festgelegt, wenngleich individuelle Variationen wie Zusatzfragen weiterhin möglich waren. Ergo war eine vergleichende
Auswertung möglich.[105] Die folgende Darstellung erfolgt in anonymisierter Form durch
nachstehende Bezeichnungen:

Experteninterview 1

Experteninterview 2

Experteninterview 3

Experteninterview 4

Interview Experte/ehemaliger Betroffener 5

Interview Experte/ehemalige Betroffene 6

Interview ehemaliger Betroffener 7

Interview ehemaliger Betroffener 8

1. Burnout als Chance

Ein Experte sieht den primären Nutzen eines Burnouts darin, „wie bei allen schmerzlichen
Dingen und Erfahrungen [als] eine Möglichkeit, mit sich selbst und mit seinem Leben anders
umzugehen"[106]. Hierfür ist es unerlässlich, sich die Frage nach den Ursachen des eigenen
Burnouts zu stellen, um sich in Zukunft hiervor zu schützen. Eine intensive Auseinandersetzung mit den auslösenden Faktoren ist im Zuge des Bewältigungsprozesses somit essenti-
ell.[107] Am Ende dieses Bewältigungsprozesses kann eine Neuorientierung stehen, wodurch
man das „Leben wieder lieben (…) [lernt]"[108] und erkennt, dass „Arbeit nicht alles ist"[109].
Dieser Ansicht ist auch eine weitere ehemalige Betroffene, die den Blick nach innen zugleich
als den schwierigsten Weg erachtet. Sie musste erkennen, dass es zwar leicht sei, die ganze
Schuld im Außen z.B. im Beruf zu suchen, den Fokus auf sich selbst und internalisierte
Verhaltensmuster zu richten eröffnete ihr jedoch neue Wege und mehr Lebensqualität.[110]
Beispielsweise war es für einen der Betroffenen wichtig zu erkennen, bestimmte Dinge
weniger persönlich zu nehmen.[111] Ein weiterer Betroffener beschreibt den Gewinn seines
Burnouts zugleich als „die Erkenntnis, dass man nie perfekt ist und nicht perfekt sein
muss"[112]. Folgende Aussage schildert diesen Prozess anschaulich:

---

[105] Vgl. Renner, K. (2013), S. 17

[106] Experteninterview 1, Frage 16.

[107] Vgl. Experteninterview 2, Frage 18.

[108] Experteninterview 3, Frage 16.

[109] Experteninterview 3, Frage 16.

[110] Vgl. Interview Experte/ehemalige Betroffene 6, Frage 9.

[111] Vgl. Interview Experte/ehemaliger Betroffener 5, Frage 15.

[112] Interview ehemaliger Betroffener 8, Frage 12.

man kann auch weniger tun. Ich muss nicht jeden Tag das Auto putzen, damit es glänzt. Mich stört es nicht, wenn der Fußboden schmutzig ist (…). Also dieses perfektionistische System, das ja sehr viel Energie kostet, einfach ein bisschen runter zu fahren. Nur das ist eine verdammt harte Arbeit. Wenn Sie dreißig, vierzig, fünfzig Jahre so gemacht haben, plötzlich zu sagen, es ist mir egal, wenn der Plattenspieler nicht funktioniert, dann hör ich halt keine Musik ok. (…) Ich wurde auch in Konfliktsituationen gelassener, das Ganze nicht mehr persönlich nehmen, sondern einfach sagen, ok das ist nur ein Kollege.[113]

Diese Veränderungen führten in seinem Umfeld zu ambivalenten Reaktionen: „Für meine Umwelt war das schwieriger zu ertragen, weil plötzlich war der Kümmerer nicht mehr da".[114] Eine weitere ehemalige Betroffene berichtet zugleich von den positiven Veränderungen in ihrem Leben, beispielsweise war es für ihren Partner schwer zu verstehen, dass sie Urlaube während ihres Burnouts nicht genießen konnte, da sie damals nicht in der Lage war, etwas zu empfinden. Dies hat sich im Zuge der Genesung deutlich gebessert, da sie hierdurch an Lebensqualität gewonnen hat. Sie sah in ihrem Burnout die Möglichkeit, Veränderungen im Leben zu wagen, an Lebensfreude zu gewinnen, die infolge der Arbeit zu kurz kam und für sich selbst bisher begangene Wege und gelebte Werte zu überdenken. Sie eröffnet zugleich einen weiteren Blick auf das Thema indem sie betont, dass es wohl nichts Schlimmeres gebe, als sich am Ende des Lebens die Frage zu stellen, was man denn eigentlich gemacht habe außer zu arbeiten.[115] Diesen Standpunkt teilt sie mit einem der befragten Experten: „da steckt die Chance drin [sic!], dass er eine Lektion vom Leben bekommen hat, woraus er das Beste machen kann oder er begreift die Lektion nicht, dann kriegt er halt ne [sic!] zweite. Das kann aber im blöden Fall mit einem Herzinfarkt enden und dann war es auch die letzte Lektion."[116]

Auf Unternehmensebene hat das Auftreten von Burnoutfällen, das nicht selten kaskadenartig verläuft, das Potenzial, Betroffenheit auszulösen. Dies trifft insbesondere auf das mittlere und obere Management zu, wenn ein Mitarbeiter auf gleicher Führungsebene plötzlich erkrankt, bei dem es womöglich niemand vermutet hätte. Diese Betroffenheit kann zu einem Prozess der Selbstreflexion führen, sodass sich die Kollegen die Frage stellen, ob sie auch Gefahr laufen, ein Burnout zu entwickeln. Wenn diese Betroffenheit geteilt wird und über das Thema offen gesprochen wird, ist ein positiver Effekt erzielt. Hierzu gehört, sich über seinen eigenen Zustand Klarheit zu verschaffen, sich über Ursachen zu unterhalten und Themen wie Führen durch Ziele, Zielvorgaben und Anreizsysteme kritisch zu hinterfragen.[117]

„Verheizen wir unsere Leute und wollen das gar nicht? Oder wir verheizen sie und wissen, dass wir sie halt verheizen, na gut, draußen stehen genug rum. Wenn wir sie verheizen, kommen auch wieder Neue."[118]

---

[113] Interview ehemaliger Betroffener 8, Frage 12.
[114] Interview ehemaliger Betroffener 8, Frage 12.
[115] Vgl. Interview Experte/ehemalige Betroffene 6, Frage 9.
[116] Experteninterview 4, Frage 10.
[117] Vgl. Experteninterview 4, Frage 10.
[118] Experteninterview 4, Frage 10.

2. Auswirkungen auf den beruflichen Werdegang

Die Bewältigung des Burnoutsyndroms wirkt sich auf nahezu alle Lebensbereiche aus. Im beruflichen Kontext ist es besonders wesentlich zu verstehen, dass ein mehrwöchiger Klinikaufenthalt ohne daran anschließende Veränderungen allein nicht ausreicht: „Worin steckt die Chance und die Bedeutung, auch die Botschaft? Wer sich dem nicht stellt und denkt, er geht zwei Wochen in die Klinik, danach bin ich gesund und kann weiter machen wie vorher, das wird in der Regel nicht funktionieren."[119] Daher ist es entscheidend, innere Überzeugungen zu überdenken und das Burnout als Botschaft an sich selbst zu begreifen. Man sollte sich überdies die Frage stellen, ob die bisherige Tätigkeit eine der grundlegenden Ursachen des Burnouts war und hieraus entsprechende Konsequenzen ziehen.[120] In Abhängigkeit zum beruflichen Umfeld wird es zudem häufig schwierig, wieder die gleiche Tätigkeit ohne Veränderungen auszuüben.[121] Nicht selten sind auch ein Karriereknick bis hin zur Erwerbsunfähigkeit bzw. Verrentung die Folge. Laut Expertenbefragung entspricht es eher der Ausnahme, dass jemand auf dem gleichen Niveau fortfährt wie bisher.[122]

Diesen Expertenmeinungen lassen sich die Erfahrungen der ehemaligen Betroffenen kontrastierend gegenüber stellen. Zwei der Befragten ehemaligen Betroffenen sind nun selbst als Burnoutexperten tätig, bzw. haben dies zu einem Bestandteil ihrer Tätigkeit gemacht. Einer dieser Befragten, der auch in Vollzeit im ursprünglichen Unternehmen tätig ist, betont die Wichtigkeit der Work-Life-Balance in Form eines Gleichgewichts zwischen privatem Ausgleich und beruflicher Tätigkeit. Er räumt aber zugleich ein: „Letztes Jahr war auch wieder ein sehr schweres Jahr, wo gewisse Dinge auch wieder hoch kamen, die ich eigentlich schon dachte, hinter mir zu haben."[123] Ein weiterer Betroffener hat ebenso an seine alte Tätigkeit angeknüpft und eine Wiedereingliederung abgelehnt. Gründe hierfür waren u.a., dass er in einer sehr progressiven Abteilung beschäftigt ist und Mitarbeiter, die seine Tätigkeit übernommen hätten, nicht vorhanden waren. Aber selbstverständlich existieren auch zahlreiche Fälle, in denen Mitarbeiter nach dem Burnout über ein deutlich geringeres Aufgabenpensum verfügten mit entsprechenden Folgen für das Gehalt.[124]

---

[119] Experteninterview 4, Frage 9.
[120] Vgl. Experteninterview 2, Frage 17.
[121] Vgl. Experteninterview 1, Frage 15.
[122] Vgl. Experteninterview 3, Frage 15.
[123] Interview Experte/ehemaliger Betroffener 5, Frage 14.
[124] Vgl. Interview ehemaliger Betroffener 8, Frage 11.

3. Merkmale aus der Perspektive von Betroffenen und Experten

Im Zuge meiner Befragungen betonten Experten, dass Burnout stets eine Vorgeschichte hat, die sich über mehrere Jahre erstrecken kann.[125] Betroffene Personen zeichnen sich zunächst durch hohes Engagement und sehr gute Leistungen aus, die jedoch im weiteren Krankheitsverlauf deutlich absinken. Der ehemalige „High-Performer" zieht sich zurück, macht während der Arbeit mehr Fehler und wird zunehmend launisch. Vermeintliche Kleinigkeiten werden zur Belastung und die Zahl der Krankheitstage steigt nicht selten an.[126] Diese Veränderungen der Arbeitsleistung und des Sozialverhaltens lassen sich durch einen deutlichen Energieverlust der Betroffenen begründen.[127]

Eine ehemalige Betroffene berichtet, sehr dünnhäutig gewesen zu sein und sich stets zwischen „Heulkrämpfen" und „Wutanfällen" bewegt zu haben. Ein Gefühl des ausgebrannt seins, permanente Müdigkeit sowie ein zunehmender Tunnelblick kennzeichneten ihr damaliges Befinden. Sie verglich ihren Zustand mit einer Schnecke im Schneckenhaus, infolgedessen sie um sich herum nicht mehr viel gesehen habe.[128]

Gemäß meiner Expertenbefragungen kann im fortgeschrittenen Stadium ein zunehmender Kontrollverlust zudem dazu führen, dass selbst einfache Alltagtätigkeiten nicht mehr bewältigt werden können. Im Endstadium der Erkrankung sei es Betroffenen demnach häufig nicht mehr möglich „eins und eins zusammenzuzählen".[129] Diesen Zustand schilderte eine ehemalige Betroffene: „Sie können es kaum ertragen, wenn Menschen reden um Sie, noch dass Sie in der Lage sind, ans Telefon zu gehen und selbst wenn der Postbote an der Tür klingelt, das kann Ihnen schon den letzten Nerv kosten."[130]

Ungeachtet dieser Symptome bemerken zahlreiche Betroffene ihr Burnout häufig lange nicht bzw. möchten es sich nicht eingestehen. Einer der befragten Experten spricht hierbei von einem Realitätsverlust hinsichtlich der eigenen körperlichen, geistigen und seelischen Verfassung.[131] Die bestätigt eine ehemalige Betroffene mit folgender Aussage:

> Ich weiß nicht, ob man das selber merken kann. Also ich habe das nicht gemerkt. Jetzt im Nachhinein gab es schon Anzeichen, aber damals habe ich das nicht gesehen. Bei mir war es zwei Jahre lang so, dass ich jeden Monat drei Tage wegen Grippe krank war. Dann habe ich einen Herzinfarkt gehabt im Joggen, war beim Arzt, organisch nichts festgestellt worden und dann habe ich weiter gemacht. Ja und drei Monate später liege ich im Bett und kann nicht mehr aufstehen.[132]

---

[125] Vgl. Experteninterview 1, Frage 1.
[126] Vgl. Experteninterview 3, Frage 1.
[127] Vgl. Experteninterview 4, Frage 1.
[128] Vgl. Interview ehemalige Betroffene, Frage 1.
[129] Experteninterview 1, Frage 1.
[130] Interview ehemalige Betroffene 7, Frage 1.
[131] Vgl. Experteninterview 4, Frage 1.
[132] Interview Experte/ehemalige Betroffene 6, Frage 8

Dieses fehlende Bewusstsein des eigenen Zustands teilte sie mit den anderen ehemaligen Betroffenen. Demgegenüber stehen die Reaktionen in der Umwelt, die zwischen den Befragten differierten. Während das Umfeld obiger Befragten dies nicht vermutete „Sie doch nicht, Sie sind doch so was von aktiv und positiv, das kann Ihnen nicht passieren (…) !" (Aussage ihres Arztes)[133], fiel ein anderer Befragter durch ein gereiztes und aggressives Verhaltensmuster auf.[134] Dies würde der im Theorieteil angeführten Depersonalisation entsprechen.

4. Ursachen

a. Allgemein

Die Ursachen einer Burnouterkrankung sind laut Expertenbefragungen vielschichtig. Eine Differenzierung zwischen positivem (Eustress) und negativen (Dis-) Stress kann hierbei als Erklärung fungieren. Eustress hat eine anregende Wirkung, die sich in dem Empfinden äußert, den Herausforderungen in der gegebenen Zeit durch individuelle Einflussnahme begegnen zu können. Demgegenüber führt Distress zu einem permanenten Gefühl der Überforderung, das von Betroffenen oftmalig als bedrohlich eingestuft wird. Ein auf Dauer anhaltender Distress macht krank und mündet letztendlich in Burnout.[135] Die Bewertung des Stressors als positiv oder negativ obliegt jedoch der Einzelperson, wodurch eine individuelle Disposition begründet wird: „Was für den einen (…) eine Herausforderung darstellt, ist für den anderen schon eine massive Belastung und führt dann eben auch zu solchen Symptomen."[136] Dies bestätigt zugleich Banduras Theorie der Selbstwirksamkeitserwartung.

Eine ehemalige Betroffene hebt zugleich die Relevanz in der Kindheit erlernter Verhaltensmuster hervor. Internalisierte Glaubenssätze wie „erst die Arbeit, dann das Vergnügen!" manifestieren sich im Laufe der Zeit und wirken sich auf sämtliche Lebensbereiche aus. Kinder kopieren Verhaltensmuster von den Eltern und dies inkludiert auch den Umgang mit Stressfaktoren. Ein souveräner und zugleich gelassener Umgang mit Stressoren wird von Kindern gleichermaßen als Vorbild betrachtet wie ein dysfunktionaler.[137] Eine weitere ehemalige Betroffene betont ebenso die Rolle dispositioneller Faktoren. Demnach kennzeichnet Betroffene sowohl ein ausgeprägtes Verantwortungsgefühl als auch die Bereitschaft, stets mehr zu tun als erforderlich. Des Weiteren erscheinen sie nach außen oft sehr taff und tendieren dazu, alles richtig machen zu wollen. Fehler werden nicht als ein „Prozess

---

[133] Interview Experte/ehemalige Betroffene Frage 8.
[134] Vgl. Interview ehemaliger Betroffener, Frage 1.
[135] Vgl. Experteninterview 1, Frage 2.
[136] Experteninterview 2, Frage 2.
[137] Vgl. Interview Experte/ehemaliger Betroffener 6, Frage 1.

des Wachsens und Lernens" interpretiert, sondern als Schwäche.[138] Einer der befragten Betroffenen gab seine Neigung, Dinge sehr persönlich zu nehmen, als Risikofaktor an.[139] Der Anerkennung von außen werde zudem ein großes Gewicht beigemessen, wohingegen eine innere Wertschätzung häufig zu gering ausfällt. Entfällt die Anerkennung in der Außenwelt, werden häufig noch größere Anstrengungen unternommen. Ergo fehle es den Betroffenen an der Fähigkeit, Grenzen zu setzen, wodurch sie „für alles und jeden erreichbar [sind]".[140] Ein weiterer ehemaliger Betroffener vergleicht diesen Zustand mit einem „Hamster im Rad", der sich permanent im Kreis dreht ohne vorwärts zu kommen. Die hieraus resultierende Unzufriedenheit führt in Kombination mit privater und beruflicher Überlastung weiter in die Abwärtsspirale. Ein ehemaliger Betroffener schilderte die Interdependenz interner und externer Ursachen wie folgt:

> Die Ursachen, die liegen häufig viele Jahre und Jahrzehnte zurück, das hat sich immer wieder auch so von den charakterlichen Geschichten hier aufgebaut, ohne dass es einem wirklich bewusst ist und irgendwann tritt das eben zu Tage. Und das tritt dann zu Tage, wenn die Situationen sich zuspitzen (…) In meinem Fall war es eine ständige Überbelastung im privaten und vor allem im beruflichen Bereich.[141]

Die Einschätzung der Ursachen durch ehemalige Betroffene deckt sich weitestgehend mit dem Urteil der befragten Experten. Die Rolle der Kindheit wurde ebenso hervorgehoben wie die Neigung zum Perfektionismus. Personen mit hohen Zielen, die sich stark über den Beruf definieren bzw. unrealistische Vorstellungen von ihrer beruflichen Tätigkeit haben, seien für die Entstehung eines Burnouts empfänglicher.[142]

b. Die Rolle der beruflichen Tätigkeit

Den Zusammenhang zwischen der beruflichen Tätigkeit und dem Privatleben schildert einer der befragten Experten auf anschauliche Weise: „Wer in den privaten Lebensverhältnissen stabil ist, der tut sich natürlich auch leichter, mal enorme Anforderungen zu bewältigen als jemand, der gesundheitlich eh schon immer angeschlagen ist oder jemand, der zuhause pubertierende Kinder hat oder gerade aktuell in einer Trennung steckt oder Eltern zu pflegen hat."[143]

---

[138] Vgl. Interview ehemalige Betroffene 7, Frage 2.
[139] Vgl. Interview Experte/ehemaliger Betroffener 5, Frage 2.
[140] Interview ehemalige Betroffene 7, Frage 2.
[141] Interview ehemaliger Betroffener 8, Frage 2.
[142] Vgl. Experteninterview 3, Frage 2.
[143] Experteninterview 4, Frage 2.

(1) Tätigkeitsfelder mit hohen Belastungen

Obgleich Burnout im Prinzip jeden treffen kann, gibt es bestimmte Tätigkeitsfelder, die besonderen Belastungen unterliegen. Hierzu zählen laut Expertenmeinung in erster Linie Personen, die in sogenannten Sandwichpositionen tätig sind, da sie stets Erwartungen in zwei Richtungen erfüllen müssen. Konfligierende Zielvorstellungen führen hier nicht selten zu Rollenkonflikten. Des Weiteren sind Personen gefährdet, die in ihrer Tätigkeit leicht messbar sind und somit schnell unter Druck geraten, wie beispielsweise im Vertrieb.[144] Starke Anreizsysteme motivieren hier zu einer deutlichen Leistungssteigerung, wenn bei doppeltem Einsatz das Doppelte verdient werden kann. Personen, die Mitarbeiter an verschiedenen Standorten betreuen, beruflich viel unterwegs sind oder gerade eine berufliche Veränderung durchlebt haben sind ebenso anfälliger für die Entstehung von Erschöpfungssymptomen.[145] Jüngere Mitarbeiter, die zu Beginn ihrer Karriere sehr leistungsorientiert sind können infolge ihres außerordentlichen Engagements überlastet sein, wohingegen ältere Mitarbeiter aufgrund zahlreicher Veränderungen häufig nicht mehr auf ihr Erfahrungswissen zurückgreifen können.[146]

5. Vorbeugung

Um der Entstehung eines Burnouts vorbeugen zu können, wurden die Interviewpartner zum Thema Prävention auf Unternehmens-, Führungs- und individueller Ebene befragt. Auf Unternehmensebene standen sowohl eine stärkere Einbindung in die Firmenziele als auch ein optimierter Informationsfluss im Fokus. Eine unzureichende Weitergabe von Informationen via Intranet wurde hingegen moniert.[147] Um eine ausreichende Sensibilität für das Thema Burnout zu schaffen, ist die Weitergabe von Wissen z.B. in Form von Vorträgen unabdingbar. Wesentlich ist hierbei zu signalisieren, dass das Thema in der Unternehmenskultur Beachtung findet und ernst genommen wird.[148] Von eminenter Relevanz ist zudem das lebenslange Lernen, da psychische Belastungen am Arbeitsplatz infolge unzureichender Kompetenzen ebenso einen Risikofaktor für Burnout darstellen. Hiervon können auch ältere Arbeitnehmer profitieren, um den Anforderungen einer sich permanent wandelnden Arbeitswelt begegnen zu können.[149] Eine praktizierte Kultur der Wertschätzung wird zudem dazu beitragen, dass Mitarbeiter etwaige Defizite offen ansprechen und sich nach Fortbildungsmöglichkeiten erkundigen.[150] Sofern Unternehmen sportliche Aktivitäten anbieten, empfehlen

---

[144] Vgl. Interview Experte/ehemaliger Betroffener 5, Frage 4.
[145] Vgl. Experteninterview 4, Frage 3.
[146] Vgl. Experteninterview 2, Frage 5.
[147] Vgl. Interview ehemaliger Betroffener 8, Frage 9.
[148] Vgl. Experteninterview 1, Frage 9.
[149] Vgl. Experteninterview 2, Frage 11.
[150] Vgl. Experteninterview 1, Frage 10.

sich in erster Linie Übungen zur Steigerung der eigenen Achtsamkeit und Wahrnehmung (z.B. Muskelentspannung nach Jacobson), da ein wesentliches Symptom des Burnouts der Verlust der eigenen physischen und psychischen Befindlichkeit darstellt.[151]

Auf Führungsebene wurde primär die Vorbildrolle der Führungspersönlichkeit genannt. Ein souveräner Umgang mit Belastungssituationen ist hierbei wesentlich. Als wichtigster protektiver Faktor wurde die Bindung an das eigene Unternehmen bzw. die Führung genannt. Ein Unternehmen wird kaum Erfolge verzeichnen können, wenn es die Mitarbeiter nicht auf seine Seite zieht. Wenn Mitarbeiter sich wahrgenommen fühlen und sich auch mal mit persönlichen Belangen an die Führungskraft wenden können, ist hierfür schon ein wesentlicher Schritt getan. Dies mag zwar auf den ersten Blick trivial anmuten, ist in der gegenwärtigen Leistungsgesellschaft jedoch keine Selbstverständlichkeit wie ein Betroffener berichtet[152]: „Da wurdest Du vor Aufgaben gestellt, mach mal! Und wenn Du den fragst, warum, wieso, weshalb, hab ich keine Zeit dafür! Wirst Du schon sehen!"[153]

Das Ernstnehmen der Mitarbeiter, das Sprechen über Ziele und Ergebnisse der Arbeit sowie das gleichzeitige Begründen von Anweisungen stellen hierbei elementare Eckpfeiler dar.[154] Die Herausforderung liegt für Führungskräfte in erster Linie darin, dies in der Praxis umzusetzen und auftretende Schwierigkeiten hintenanzustellen, obgleich sie sich ebenso in ihrem „Hamsterrad" befinden und zahlreiche Aufgaben zu erfüllen haben.[155] Auf individueller Ebene ist es von elementarer Wichtigkeit, sich über seine persönlichen Ressourcen und auch Grenzen im Klaren zu sein und diese im Berufsalltag dann auch zum Ausdruck zu bringen.[156]

6. Arbeitsverhalten

Eine der ehemaligen Betroffenen beschreibt das im Zuge des Burnouts veränderte Arbeitsverhalten im Endstadium: „Bei mir war es sogar so, dass ich so richtig wie ein Blackout hatte, also ich konnte die einfachsten Dinge nicht mehr verstehen. Und ich war Geschäftsführungsassistentin, ich hatte schon viel Verantwortung gehabt." Die Erschöpfung der Betroffenen äußert sich nach ihrer Erfahrung auch darin, dass sie dazu neigte aus „einer Mücke einen Elefanten zu machen" und dass die betroffenen Personen sich nicht wahrgenommen fühlen.

> man neigt auch dann dazu, aus einer Mücke einen Elefanten zu machen. Wenn man jetzt so einen Vergleich zieht, es gibt Leute, die machen die gleiche Arbeit und derjenige, der betroffen ist, hat im Anfangsstadium grundsätzlich das Gefühl, er ist derjenige, der alles machen muss

---

[151] Vgl. Interview ehemaliger Betroffener 7, Frage 8.
[152] Vgl. Interview ehemaliger Betroffener 7, Frage 10.
[153] Interview ehemaliger Betroffener 8, Frage 9.
[154] Vgl. Experteninterview 1, Frage 13.
[155] Vgl. Experteninterview 2, Frage 15.
[156] Vgl. Interview ehemaliger Betroffener 7, Frage 9.

und er macht sowieso das meiste und er ist immer überfordert, dabei ist die Arbeit, die hier alle machen die gleiche.[157]

Hinzu kommen häufig eine generell negative Einstellung gegenüber der ausgeübten Tätigkeit im Sinne der Depersonalisation: „Was auch ein ganz starkes Merkmal ist, also es wird alles ziemlich schnell negiert. Der Bereich wird negiert, der Chef wird negiert, also alles ist irgendwie vollkommen daneben und hat ja eh keinen Sinn und was sind denn das für Schwachmaten, also man ist da sehr negativ und fühlt sich überfordert".[158] Diese negative Einstellung führt oftmalig dazu, dass die Betroffenen nur noch „Dienst nach Vorschrift machen" und sich auch negativ über bzw. gegenüber Kunden äußern.[159] „Kunde ist König ok, ja aber wenn er Dich zum 100. Mal nervt, dann sag ich, ich sprech nicht mehr mit Ihnen, ja oder das muss ich mir nicht von Ihnen gefallen lassen und bin teilweise schon ein bisschen laut geworden."[160] Betroffene sind häufig auch nicht mehr offen für neue Vorschläge oder Ideen, da hierfür die notwendigen Ressourcen bereits aufgebraucht sind.[161] So antwortet ein ehemaliger Betroffener auf die Frage, woran eine Führungskraft erkennen kann, dass ein Mitarbeiter psychisch belastet ist: „Desinteresse an neuen Aufgaben, ja wo man sagt das kann ich nicht, das will ich nicht, das mag ich nicht ja".[162] Dieser Tunnelblick wird von Experten ebenso bestätigt wie die geschilderten Konzentrationsprobleme.[163] Die von Experten angeführten unerklärlichen Überstunden ohne sichtbare Effizienz schildert ein Betroffener in anschaulicher Weise:

> ich bin ja in diesem Hamsterrad drinnen und ich will ja diese Anforderungen erfüllen, also mach ich weiter. Das wirkt sich natürlich dann auch aus, dass Du extreme Überstunden hast, dass Du die Arbeit mit nach Hause nimmst, dass Du dich am Wochenende nur mit Zahlen, Daten, Fakten und irgendwelchen Analysen beschäftigst, weil da hast Du ja Ruhe. Wenn man zwanzig, dreißig, ich bin ja schon seit vierzig Jahren im Berufsleben alles auf die Reihe gekriegt hat, plötzlich feststellt, ich schaff es nicht mehr und früher war das ja ganz normal, dass ich die Sachen mit nach Hause genommen habe.[164]

---

[157] Interview ehemalige Betroffene 7, Frage 6.
[158] Vgl. ebd., Frage 6.
[159] Vgl. Experteninterview 3, Frage 6.
[160] Interview ehemaliger Betroffener, Frage 8
[161] Vgl. Experteninterview 4, Frage 4
[162] Interview ehemaliger Betroffener 8, Frage 7.
[163] Vgl. Experteninterview 1, Frage 5.
[164] Interview ehemaliger Betroffener, Frage 6.

III. Gegenüberstellung theoretischer und empirischer Befunde

Der im Zuge des Theorieteils dargestellte Erkenntnisstand deckt sich weitestgehend mit den Inhalten der Interviews. Alle ehemaligen Betroffenen gaben an, die Entwicklung ihres Burnoutsyndroms spät oder überhaupt nicht wahrgenommen zu haben. Die Symptomatik äußerte sich bei allen auf psychosomatischer Ebene z.B. in Form von Bluthochdruck bis zum Herzinfarkt. Auf Verhaltensebene berichteten die Betroffenen wie im Theorieteil erläutert von Aggressivität, Konzentrationsstörungen bis hin zum sozialen Rückzug. Auch die im Theorie- teil angeführten intrapersonalen Faktoren haben sich in den Interviews gespiegelt. Bei- spielsweise gaben Betroffene an, Kritik stets persönlich genommen zu haben. Ebenso wurden die internalisierten „belief systems" im Rahmen der Interviews veranschaulicht und deren schwere Überwindung exemplarisch dargestellt. Abweichungen kristallisierten sich hinsichtlich der Auswirkungen auf den beruflichen Werdegang heraus, da entgegen der wissenschaftlichen Befunde und der Expertenmeinungen alle Befragten entweder vollständig in ihrer vorherigen Tätigkeit beschäftigt waren oder aber eine andere Tätigkeit in Vollzeit ausübten. Im Rahmen der Interviews traten zudem weitere interessante Aspekte hervor, wie die in Folge des Genesungsprozesses ambivalenten Reaktionen des Umfelds. Ebenso betrachten alle Betroffenen ihr Burnout als eine Chance, ihrem Leben neue Werte und eine neue Richtung zu verleihen.

D. Fazit

Es ist nicht genug zu wissen, man muss auch anwenden.
Es ist nicht genug zu wollen, man muss auch tun!
Goethe[165]

Die im Rahmen der vorliegenden Arbeit präsentierten theoretischen und empirischen Befunde können in Anlehnung an Goethes Zitat der Selbstreflexion dienen. Das Wissen über Merkmale, Anzeichen und den Verlauf eines Burnouts kann somit als protektiver Faktor fungieren und dazu ermutigen, etwaige Belastungen zu reduzieren bzw. Denkmuster in Frage zu stellen. Hervorgehoben sei an dieser Stelle nochmals das fehlende Bewusstsein der Personen, die sich auf dem Weg in die Abwärtsspirale befinden. Der zunächst langsame Beginn der einzelnen Phasen setzt sich in Folge kaskadenartig fort. Hiervon sind sowohl Personen im Beruf als auch in allen anderen Lebensbereichen tangiert.

Dies impliziert zugleich, dass es sich beim Terminus Burnout um einen sehr weit gefassten Begriff handelt, dem zahlreiche Faktoren zugrunde liegen. Festzuhalten ist, dass ein Burnout stets prozesshaft verläuft und sich auf mehreren Ebenen manifestiert. Hierzu zählen das körperliche Befinden, die mentale Gesundheit sowie das individuelle Verhalten. Ergo ist eine multikausale Betrachtungsweise, die sowohl personale als auch situative Faktoren berücksichtigt, unabdingbar. Im Falle hoher Belastungen bei gleichzeitigem Vorhandensein spezifischer Dispositionen ist die Gefahr eines Burnouts besonders hoch. Gesamtgesellschaftliche Entwicklungen tragen zu diesem Umstand ebenso bei. Um eine erfolgreiche Prävention zu gewährleisten, empfiehlt es sich, bestehende Strukturen sowohl auf organisatorischer als auch auf individueller Ebene zu beleuchten und zu hinterfragen. Eine zunehmende Sensibilisierung von Führungskräften kann hierbei einen wesentlichen Beitrag zur erhöhten Achtsamkeit leisten.

Für die Zukunft wäre es interessant herauszufinden, inwieweit die beobachteten Geschlechtsunterschiede beim Burnout in Abhängigkeit zum Alter variieren. Da die Gründe der Geschlechtsunterschiede u.a. in den bestehenden Geschlechtsrollen liegen und sich diese in Abhängigkeit zur jeweiligen Generation wandeln, wäre die Untersuchung einer solchen Fragestellung von Interesse.

---

[165] Psychologie Aktuell. (2010), www.psychologie-aktuell.info (Stand 14.04.2014)

E. Literaturverzeichnis

Ahlborg, G., Börjesson, M., Gerber, M., Jonsdottir, I. & Lindwall, M. (2013). *The relationship of change in physical activity with change in depression, anxiety and burnout: A longitudinal study of swedish healthcare workers.* Gothenburg: American Psychological Association.

Anderson, V., Barker, W., Kiewra, K. & Levinson E. (1999). The effects of meditation on teacher perceived occupational stress, state and trait anxiety, and burnout. *School Psychology Quarterly, 14(1),* 3-25.

Arbeitssicherheit.de. (2013). *Verhaltensprävention.* Zugriff am 14.04.2014 unter http://www.arbeitssicherheit.de/de/html/lexikon/224/Verhaltenspraevention

Arbeitssicherheit.de. (2013). *Verhältnisprävention.* Zugriff am 14.04.2014 unter http://www.arbeitssicherheit.de/de/html/lexikon/223/Verhaeltnispraevention

Bakker, A., Demerouti, E., Nachreiner, F. & Shaufeli, W. (2001). The Job Demands-Resources Model of Burnout. *Journal of Applied Psychology 86, No 3,* 499-512.

Bakker, A., Demrouti, E., De Boer, E. & Shaufeli, W. (2003). Job demands and job resources as predictors of absence and duration frequency. *Journal of Vocational Behavior, 62(2),* 341-356.

Bakker, A., Dollard, M., Lewig, K. & Van der Zee, K. (2002). The relationship between the big five personality factors and burnout: A study among volunteer counselors. *Journal of Social Psychology 135 (5),* 1-20.
http://www.beanmanaged.com/doc/pdf/arnoldbakker/articles/articles_arnold_bakker_141.pdf

Bakker, A., Van Rhenen, W. & Shaufeli, W. (2009). How changes in job demands and resources predict burnout, work engagement and sickness absenteeism. *Journal of Organizational Behavior, Vol 30(7),* 893-917.

Badura, B., Ducki, A., Schröder, H., Klose, J. & Meyer, M. (2013). *Fehlzeiten-Report 2013: Verdammt zum Erfolg- die süchtige Arbeitsgesellschaft?.* Berlin: Springer.

Bandura, A. (1991). Social-Cognitive Theory of Self-Regulation. *Organizational- behavior and human decision processes 50,* S. 248-281.

Banzhaf, H. (2010). *Stressbewältigung und Burnoutprophylaxe durch Achtsamkeit und Mitgefühl-ein emotionsbasiertes Konzept.* Zugriff am 14.04.2014 unter
https://www.klinikum.uni-
heidel-
berg.de/fileadmin/medizinische_klinik/Abteilung_2/Sektion_Allgemeinmedizin/termine_va/tag_der_allgemeinmedizin/2010_Tag_12/HAE_13_Stressbewaeltigung_durch_Achtsamkeit.pdf

Berndt, F. (2014). *Der inneren Ursachen eines Burnout auf der Spur.* Zugriff am 14.04.2014 unter http://www.burnout-fachberatung.de/FaktorC_2-08.pdf

Beckhäuser, M., Blum, T., Braun & E. & Hillebrecht, S. (2013). *Gesunde Mitarbeiter= Gesundes Unternehmen?: Qualitative Pilot-Studie zur Burnout-Prävention in mittelständischen Unternehmen der Wirtschaftsregion Mainfranken.* EllenBraun Consulting Coaching Training, Beckhäuser Personal & Lösungen, Hochschule für angewandte Wissenschaften Würzburg Schweinfurt, Würzburg.

Berufsverband Deutscher Psychologinnen und Psychologen. (2014). *Burn Out.* Zugriff am 14.04.2014 unter http://www.bdp-verband.org/psychologie/glossar/burnout.shtml

Bliesener, T., Dannecker, M., Dlugosch, G., Flor, D., Gstalter, G., Jäger, R., Kalb, E., Mangold, R., Pritzel, M., Richter-Appelt, H., Rothenburg, C., Schmidbauer, W., Sigusch, V., Spieß, E. & Wenninger, G. (*2001*). *Psychologie: Fühlen, Denken und Verhalten verstehen.* Mannheim: F.A. Brockhaus GmbH.

Boeree, G. (2006). *Personality Theories: Albert Bandura.* Zugriff am 14.04.2014 unter http://www.social-psychology.de/do/PT_bandura.pdf

Bosch, T. (2014). *Warum „Management by Objectives" Arbeitnehmer und Unternehmen überfordert.* Zugriff am 14.04.2014 unter http://wirkt.de/wie-statt-was/#more-1373

Budiman, E. & Klöpper, J. (2011). Passen wir eigentlich (noch) zusammen?: Arbeitsstrukturelle Ursachen von Burnout. *Blickpunkt Personal, 1,* 4-6.

Demerouti, E. (2014). *Das Arbeitsanforderungen- Arbeitsressourcen Modell von Burnout und Arbeitsengagment.* Zugriff am 14.04.2014 unter http://www.genius-hellerau.de/symposium/Demerouti_Symposium07.pdf

DieWelt. (2012). *Krankenkasse warnt vor „Social-Media-Burnout".* Zugriff am 14.04.2014 unter http://www.welt.de/gesundheit/article13870178/Krankenkasse-warnt-vor-Social-Media-Burnout.html

DieWelt. (2011). *Liste der Burn-out-Fälle im Sport wird länger.* Zugriff am 14.04.2014 unter http://www.welt.de/sport/fussball/article13619946/Liste-der-Burn-out-Faelle-im-Sport-wird-laenger.html

Dincher, R., Müller-Godeffroy, H., Scharpf, M., & Schuppan, T. (2010). *Einführung in die Betriebswirtschaftslehre für die Verwaltung* (3. Aufl.). Neuhofen: Efbepe

Edelwich, J. & Brodsky, A. (1980): *Burn-Out. Stages of disillusionment in the helping professions.* New York, NY: Human Science Press.

Ekkehart, F. & Sonntag, K.(1999). *Lehrbuch Arbeitspsychologie (2. Aufl.).* Bern: Hans Huber

Geiger, M. (2010). *Burnouttheorien.* Zugriff am 14.04.2014 unter http://alleszuviel.at/burnout-theorie.html

Greenglass, E. (1991). Burnout and gender: Theoretical and organizational implications. *Canadian Psychology 32(4),* 562-574.

Gunti, P. (2011). *Burnout: Dem Tempo nicht mehr gewachsen.* Zugriff am 14.04.2014 unter http://www.myhandicap.de/burnout-syndrom-matthias-burisch.html

Heydasch, T. & Renner, K. (2013). *Persönlichkeitskonstrukte und Persönlichkeitsmessung: Kultur- und Sozialwissenschaften.* Hagen: Fernuniversität.

Höhmann, W., Kleinmann, M. & König, C. (2013). *A field test of the quiet hour as a time management technique 63(3),* 137-145.

Imedo. (2014). *Burnout Symptome.* Zugriff am 14.04.2014 unter http://www.hilfe-bei-burnout.de/allgemeines/burnout-symptome/

Hövel, N., Pekrun, R. & Vogl, S. (2011). *Ergebnisse der Studie Persönlichkeit und Stresserleben.* Lehrstuhl Pädagogische und Persönlichkeitspsychologie, Ludwig-Maximilians-Universität München, München.

Keßler, H. (1988). Daten aus dem Interview. In R. S. Jäger (Hrsg.), *Psychologische Diagnostik* (S. 363-372). München: Psychologie Verlags Union.

Kottwitz, M. (2014). *Physiologische Stress-Reaktion.* Zugriff am 14.04.2014 unter https://www.uni-marburg.de/fb04/team-ao/forschung/physiologischestressreaktion

Lalouschek, W. & Kainz, W. (2008). Geschlechtsspezifische Aspekte von Burnout. *der mann: Wissenschaftliches Journal für Männergesundheit, 6,* 6-12.

Magic Internet Musik GmbH. (2014). *Bück dich hoch Songtext.* Zugriff am 14.04.2014 unter http://www.songtexte.com/songtext/deichkind/buck-dich-hoch-6384966b.html

Murdock, K. (2013). Texting while stressed: Implications for students`burnout, sleep, and well-being. *Psychology of popular media culture 2, No 4,* 207-221.

Müller-Lissner, A. (2012). *Promis mit Burnout: Was ist psychisch krank?* Zugriff am 14.04.2014 unter http://www.tagesspiegel.de/wissen/promis-mit-burnout-was-ist-psychisch-krank/6849298.html

Nelting, M. (2010). *Burnout: Wenn die Maske zerbricht (*6. Aufl.). München: Wilhelm Goldmann.

N-tv. (2012). *Ein Mischmasch aus mehreren Dingen: Burnout gibt es gar nicht.* Zugriff am 14.04.2014 unter http://www.n-tv.de/wissen/Burnout-gibt-es-gar-nicht-article7229126.html

Pangert, B. & Schüpbach, H. (2013). *Die Auswirkungen arbeitsbezogener erweiterter Erreichbarkeit auf Life-Domain-Balance und Gesundheit (1. Aufl.).* Dortmund: Bundesanstalt für Arbeitsschutz und Arbeitsmedizin.

Peters, K. (2014). *Indirekte Steuerung und interessierte Selbstgefährdung.* Zugriff am 14.04.2014 unter http://www.bgm-bielefeld.de/downloads/ws111019bgm001pet_a.pdf

Pfeifer, M. (2014). *Burnout in der Literatur.* Zugriff am 14.04.2014 unter http://www.das-burnout-syndrom.de/category/14/burnout-in-der-literatur.html

Pines, A. (2002). A psychoanalytic-existential approach to burnout: Demonstrated in the case of a nurse, a teacher, and a manager. *Psychotherapy: Theory/Research/Practice/Training, 39, No. 1,* 103-113.

Powers, E. (2014). Training attention: Effects of meditation on thinking and problem solving. *Dissertation Abstracts International: Section B: The Sciences and Engineering, Vol 74(9-B)(E).*

Psychische Gesundheit in der Arbeitswelt. (2014). *Burnout: Fragen aus dem Alltag von Führungskräften .* Zugriff am 14.04.2014 unter http://psyga.info/fileadmin/user_upload/PDFs/praxisordner/psyGA_Praxisordner_Kapitel_6.pdf 19

Psychologie Aktuell. (2010). *Klinische Psychologie in der klinischen Rehabilitation: Zitate.* Zugriff am 14.04.2014 unter http://www.psychologie-aktuell.info/reha/service/zitate/

Renner, K., Mack, W. & Mendzheritskaya, J. (2012). *Einführung in die Psychologie und ihre Geschichte: Kultur- und Sozialwissenschaften.* Hagen: FernUniversität.

Renner, K.(2013). *Diagnostische Verfahren Interview und Beobachtung: Kultur- und Sozialwissenschaften.* Hagen: FernUniversität.

Rosenthal, C. (2014). *Burnoutmarker und Resilienzkompetenzen mit Hogan Assessments.* Düsseldorf: Metaberatung.

Rössler, G. & Mack, W. (2013). *Biologische Grundlagen der Psychologie: Kultur- und Sozialwissenschaften.* Hagen: FernUniversität.

Seiwert, L. & Tracy, B. (2007). *Life-Leadership: So bekommen Sie Ihr Leben in Balance (2. Aufl.).* Offenbach: Gabal.

Spieß, E., Stadler, P. (2003). *Mitarbeiterorientiertes Führen und soziale Unterstützung am Arbeitsplatz (1. Aufl.).* Dortmund: Bundesanstalt für Arbeitsschutz und Arbeitsmedizin.

Stock-Homburg, R. & Wolff, B. (Hrsg.). (2011). *Handbuch Strategisches Personalmanagement.* Wiesbaden: Gabler.

Wellensiek, S. (2011). *Handbuch Resilienz-Training: Widerstandskraft und Flexibilität für Unternehmen und Mitarbeiter.* Weinheim: Beltz.

Werner, C. (2012). *Erschöpfungs-Syndrom: Die lange Geschichte vom Burnout.* Zugriff am 14.04.2014 unter http://www.abendblatt.de/ratgeber/wissen/article111223558/Die-lange-Geschichte-vom-Burn-out.html

Wolff, Verena. (2014). *Therapien gegen Burn-out: Wege aus der Krise.* Zugriff am 14.04.2014 unter http://www.sueddeutsche.de/karriere/2.220/wege-aus-der-krise-behandlungsmoeglichkeiten-bei-burn-out-1.1373539

Zedler, C. & Schilling, J. (2012). *Burnout: Phasenmodelle.* Zugriff am 14.04.2014 unter http://www.burnout-info.ch/burnout_verlauf_phasenmodelle.htm

F. Interviews

Experteninterview 1

Experteninterview 2

Experteninterview 3

Experteninterview 4

Interview Experte/ehemaliger Betroffener 5

Interview Experte/ehemalige Betroffene 6

Interview ehemaliger Betroffener 7

Interview ehemaliger Betroffener 8

Vertiefende Expertenbefragung 1

Vertiefende Expertenbefragung 2

Experteninterview 1

Frage 1: Worin sehen Sie die wesentlichen Merkmale einer Burnouterkrankung?

Ich sag mal die Burnouterkranung hat eine Vorgeschichte, die schon über Jahre gehen kann und am Ende steht eben eine völlige Depersonalistion, wo Depression dazu kommt und ich hab z.b. jemanden gekannt, der konnte dann wie der Burnout diagnostiziert worden ist, konnte er einfach nicht mehr eins und eins zusammen zählen. Da ist man am Ende.

Frage 2: Welche Faktoren führen dazu, dass jemand an einem Burnout erkrankt?

Es ist ja so, man unterscheidet beim Stress zwischen positivem und negativem Stress. Der positive Stress ist der anregende, wo man auch das Gefühl hat, man kann mitwirken, z.B. bei einem Projekt, bei einer Arbeit, bei einer Herausforderung und hat Einfluss und kann diese Arbeit auch gut meistern und leisten, auch in der Zeit, die z.B. zur Verfügung steht. Beim negativen Stress ist das genau anders, eben wenn eine Überforderung stattfindet und der letztendlich dann auch als bedrohlich, bzw. lebensbedrohlich empfunden wird der negative Stress. Und negativer Stress, ich sag mal, wenn er nur kurzzeitig da ist, und dann von Perioden der Entspannung oder von längerer Dauer der Entspannung dann abgelöst wird, ist verkraftbar, aber negativer Stress auf Dauer macht dann krank und führt zu Burnout, bzw. dann auch zu anderen gesundheitlichen Problemen.

Frage 3: Welche Faktoren im Arbeitskontext tragen zur Entstehung eines Burnouts bei?

Einfach mal die Überforderung, das nicht wahrgenommen werden von den eigenen Ressourcen, von den eigenen Möglichkeiten. Es gibt ganz viel, es gibt fehlende Wertschätzung, es gibt Unklarheit, Kommunikationslosigkeit, also ein zeitlicher Termindruck, zu viel auf einmal an Arbeit, wenn die bestehende Arbeit auf immer weniger Leute verteilt wird usw.

Frage 4: Welche Rolle spielt die berufliche Tätigkeit in Relation zu privaten Stressoren bei der Entstehung eines Burnouts?

Das ist schwierig zu sagen, bei Vollzeitkräften ist das höher, bei Teilzeitkräften niedriger, der Anteil der privaten Stressoren hat da schon mehr Gewicht. Stress ist sowieso eine persönliche Sache. Es kann einer, der im Beruf viel arbeitet, viel leistet, weniger gestresst sein als z.B. zuhause und umgekehrt kann es genauso sein. Also Stress ist immer eine persönliche Sache und setzt bei der Person an, ihrem Charakter, ihrer Eigenart, also alles was zu dieser Person im Verlauf ihrer Lebensgeschichte geführt hat, hat mit dem zu tun, wie einzelne Stressoren dann auf die Personen wirken.

Frage 5: Inwiefern ändert sich das Arbeitsverhalten von Betroffenen im Krankheitsverlauf?

Es kommt am Anfang erst mal zu Schmerzen, es gibt ja unterschiedliche Modelle, die Erschöpfungsspirale in Anlehnung an Asperg, da ist es z.B. so, es geht mit Schmerzen aller Art los und dann geht's halt weiter, sie sinken immer weiter in diesen Sog praktisch nach unten. Das führt am Anfang zu Schlafstörungen, im Beruf dann zu Reizbarkeit, Kränkung, Aggressionen, Konzentrations- und Gedächtnisprobleme. Sie kriegen dann irgendwann immer mehr einen Tunnelblick im Stress und dann wird alles andere praktisch ausgeblendet, was wahrnehmbar sein könnte. Sozialer Rückzug und ja, irgendwann bis nach einer Phase, wo man noch ein bisschen dagegen kämpft, gibt man eben auf und sucht die Schuld dann nur noch bei sich und steigert dann die Arbeit immer noch mehr, obwohl diese Mehrleistung keine Mehrproduktivität bedeutet.

Frage 6: Woran können Ihrer Meinung nach Führungskräfte erkennen, wenn es jemandem psychisch nicht gut geht?

Entweder wir haben eine achtsame Führungskraft, Achtsamkeit kann man auch lernen als bewusstes Wahrnehmen eines Menschen und zwar nicht nur im Hinblick auf seine Produktivität, sondern als Ganzen. Also Achtsamkeit ist auf jeden Fall was Wichtiges. Dann sieht man ja in manchen Büros so eine Uhr, heute ist die Stimmung schlecht, heute ist die Stimmung gut, der Chef ist heute gut gelaunt, da kann man so einen Zeiger irgendwohin richten. Was z.B. auch immer mal wieder intern abgefragt wird, wie geht's denn Euch?, dass jeder seinen Stresslevel angeben kann. Z.B. auch eine Sache, die ich jetzt schon in meinem Büro gemacht habe, ich frage die Leute und wir kriegen das schon mit, wenn jemand viel Stress hat. Also ich denke es ist ganz wichtig, dass erst mal Führungskräfte achtsam sind und zum anderen, dass die einzelnen Arbeitnehmer für sich darin geschult werden, auch achtsam zu sein und auch achtsam mit sich umzugehen. Das ist eine Gratwanderung heutzutage, weil man es oft nicht kann, aber es ist trotzdem wichtig, dass die Leute für sich entdecken, wer bin ich, wie geht's mir, wie geht's mir mit der Arbeit und dementsprechend ja auch wichtig wäre es, dass die Leute offen darüber reden können. Aus Angst vor Arbeitslosigkeit das zu verschweigen oder aus einem Konkurrenzdenken heraus, das ist denke ich der Normalfall, aber wir sollten eine Kultur in Unternehmen entwickeln, wo so was möglich ist. Also es ist nicht damit getan, einmal ein Wochenende mit Angestellten oder Führungskräften zu machen und das Ganze bzw. die weitere Entwicklung sich selbst zu überlassen, das ist ein längerer Prozess, der da angestoßen werden muss und der dann auch begleitet werden muss.

Frage 7: Inwiefern kann ein Arbeitgeber eine Burnouterkrankung von vorübergehendem Stress unterscheiden?

Im Burnout ist man nicht mehr leistungsfähig, das fängt schon auch davor an, dass man nicht mehr leistungsfähig ist. Man wird es erst einmal erkennen, ich mei, im Burnout geht sowieso nichts mehr, da ist man blockiert, da ist nichts mehr möglich, aber davor wird man vielleicht auch merken ,dass trotz Überstunden, trotz intensiver Arbeit kein gutes Ergebnis mehr dabei erzielt werden kann.

Frage 8: Wie können Führungskräfte konkret vorgehen, wenn sie erkennen, dass ein Mitarbeiter psychisch belastet ist?

Das kommt auf den Einzelfall an, aber erst mal das Gespräch suchen, das ist ganz klar. Und es kommt immer darauf an, wie der Chef oder die Führungskraft zu der ganzen Sache steht, ob er überhaupt jemandem zugesteht, überlastet zu sein, wie weit da der Mensch gesehen wird in seiner Wichtigkeit trotz, dass er jetzt mal alle Signale aussendet, er bräuchte Entspannung und so kann es für ihn nicht mehr weiter gehen. Also Achtsamkeit, ich komm immer wieder zu dieser Sache zurück, achtsam mit jemandem umzugehen, ihn wahrzunehmen und auch dann vielleicht in einem Gespräch mit anderen der Arbeit suchen, können wir einen entlasten, der jetzt kurz vor dem Burnout steht. Ich denke, die Leuten merken das ja sofort, welcher Geist in einem Unternehmen herrscht und welcher Geist von Führungskräften ausgeht und auf den kommt es eigentlich an. Auf die Stimmung, auf die Luft, die durch die Gänge von einem Unternehmen wabert, dann merkt man sofort, hier ist es möglich oder hier ist es nicht möglich. Ein offenes Betriebsklima, vielleicht auch eher in Richtung flache Hierarchie, wo einzelne Angestellte, Arbeitnehmer wissen, das was sie sagen wird ernst genommen und sie können Impulse setzen in ihrer Abteilung.

Frage 9: Wie kann der Arbeitgeber dazu beitragen, die physische und psychische Gesundheit und somit die Leistungsfähigkeit seiner Mitarbeiter zu unterstützen?

Also erst mal ist es wichtig Informationen zu geben, dass das Thema Stress und Burnout überhaupt ernst genommen wird. Dann ja über Stress und Burnout zu informieren und ich denk auch mal, es muss jeder Mitarbeiter sollte so seinen Weg finden, wie er sich selber stärkt, um den negativen Stress bzw. im Endstadium dann dem Burnout dann vorzubeugen. Und da gibt es ganz unterschiedliche Herangehensweisen. Und der Arbeitgeber könnte das anbieten in seinem Betrieb, dass man das regelmäßig macht. Ich mach z.B. bei uns wöchentlich mit den Mitarbeitern entweder das ist mal Autogenes Training oder Progressive Muskelentspannung, Achtsamkeit so in die Richtung geht das.

Frage 10: Welche Rolle spielen die Kompetenzen und lebenslanges Lernen zur Bewältigung der Anforderungen im Arbeitsalltag?

Das ist sehr wichtig, weil eine Überforderung aufgrund fehlender Kompetenz genauso auch zu Burnout führen kann. Das ist ein Stressor, von daher sollte immer von oben Wert darauf gelegt werden, die Mitarbeiter für die Position, in der sie sind, auch zu qualifizieren und das gehört jetzt auch zu dem Klima, dem Wind, der durch die Gänge weht, dazu, was Mitarbeiter sagen können, da bin ich noch nicht so fit, da würde ich gerne eine Fortbildung machen oder so. Also dieses lebenslange Lernen und Kompetenzerweiterung ist ein wichtiger Eckpfeiler, um Burnout durch Überforderung zu vermeiden.

Frage 11: Welche Einstellung und Motivation eines Arbeitnehmers wirken sich präventiv auf die Entstehung eines Burnouts aus?

Die Einstellung ich bin gern bereit, Leistung zu bringen, gute Leistung und je nach Charaktertyp auch viele Leistungen, da gibt es sicherlich eine Bandbreite bis hin zum Leistungsträger, der hoch motiviert ist. Es müssen nicht alle hoch motiviert sein und die Einstellung zur Arbeit, alles braucht seine Zeit. Es gibt Dinge, wenn man die übers Knie bricht, werden sie trotzdem nichts vom Projekt her und ja, alles braucht seine Zeit. Das finde ich ganz wichtig und wird heutzutage, es ist heutzutage manchmal gar nicht möglich, so zu denken. Aber dann muss man wieder sagen, wenn die Phase vorbei ist, wo viel Stress war usw., dann muss man wieder ein bisschen auf sich schauen und für sich sorgen. Also ich komme wieder zu dem zurück, sich selber wahrnehmen, sich auch ernst nehmen, dass die Work-Life-Balance immer mitschwimmt, dass man die nie außer Acht lässt.

Frage 12: Wie sollten das Arbeitsumfeld und die Arbeitsorganisation gestaltet sein, um Belastungen am Arbeitsplatz zu vermeiden?

Das kommt immer darauf an, Arbeitsumfeld- Lärm kann ein Stressor sein, Hitze kann ein Stressor sein, da muss man immer schauen, dass man da Abhilfe schafft. Das mit der Vertrauensarbeitszeit sehe ich ein bisschen kritisch, wenn es dazu führt, dass man nicht mehr unterscheiden kann im Laufe der Zeit, jetzt kann ich wirklich mal abschalten, jetzt habe ich frei, oder jetzt muss ich mich konzentrieren, jetzt muss ich für meinen Beruf produktiv sein, also dass sich so zumindest in der eigenen Gedankenwelt die Ebenen so vermischen, dass man nicht mehr unterscheiden kann und dann auch dazu führen, dass man eben nicht mehr zur Ruhe kommt. Dass man Gedankenkreisen hat und, dass man aus dieser Sorge nicht mehr rauskommt um die Arbeit oder um das gerade aktuelle Projekt. Und dann kommt es noch darauf an, ob man alleinstehend ist, oder ob man für eine Familie noch Verantwortung trägt.

Frage 13: Wie können sich Führungskräfte am besten verhalten, um Burnoutfälle im Unternehmen zu verhindern?

Erst mal selber locker bleiben, eine gewisse Gelassenheit ausstrahlen und ich komme wieder auf die Wahrnehmungsfähigkeit, Achtsamkeit und das Wahrnehmen der Mitarbeiter, das Ernstnehmen der Mitarbeiter, das Nachfragen bei den Mitarbeitern, das Mitfühlen, eine emotionale Intelligenz. Man kann von Leuten, wenn man mit ihnen fühlt und wenn sie merken, der fühlt mit oder die, jetzt müssen wir z.B. durch ein stressiges Projekt durch, dann ist das was anderes als wenn ich dabei gar nicht beachtet werde und ich das Gefühl habe, es geht rein ums Projekt. Aber das war schon immer so.

Frage 14: Welche Maßnahmen der Verhaltensprävention, d.h. individuelle Verhaltensweisen des Mitarbeiters, können zur Förderung der psychischen Gesundheit beitragen?

Das auf sich selbst achten ist schon wichtig, auch mal externe Hilfe annehmen zu können. Also nicht zu meinen, man müsste selber durch Probleme, die einen gerade schwer belasten durch. Auch einfach mal offen darüber reden mit Partnerin, Partner oder mit Bekannten, Freunden, Freundinnen oder sich eventuell mal professionelle Hilfe, einen Psychologen oder also es gibt in der Prävention, ich sag mal, niederschwellige Hilfen, wie Achtsamkeitstrainings etc. Also sich mitteilen, aber auch externe Hilfe in Anspruch nehmen und sich trauen.

Frage 15: Wie wirkt sich ein Burnout auf den beruflichen Werdegang aus?

Das kommt darauf an, wo sie sind, ob Sie z.B. im Öffentlichen Dienst sind oder in der freien Wirtschaft. Es wird schwierig, da wieder anzuknüpfen, wo man vorher aufgehört hat. Es ist schwierig, man sollte es nicht zum Burnout kommen lassen und die Prävention von beiden Seiten, vom Arbeitnehmer und vom Arbeitgeber fördern und beachten.

Frage 16: Welchen Nutzen können ein Betroffener und ein Unternehmen Ihrer Meinung nach aus einem Burnout ziehen?

Das ist wie alle schmerzlichen Dingen und Erfahrungen eine Möglichkeit, mit sich selbst und mit seinem Leben anders umzugehen. Der Körper ist ein guter Freund und selbst, wenn er einem Schmerzen zumutet, ist er dann auch noch ein guter Freund. Er ist, wenn ich jetzt sage, er ist ein Korrektiv, dann ist das nicht richtig. Er ist wirklich eher wie ein guter Freund, der einem hilft und sagt Halt!, Stopp jetzt mal, mach nicht so weiter und lern daraus!.

Experteninterview 2

Frage 1: Worin sehen Sie die wesentlichen Merkmale einer Burnouterkrankung?

Nachlassen der Arbeitsleistung, dass die Leute mehr Fehler machen, weniger produktiv sind, dass sie jetzt auch im Sozialverhalten nachlassen, also nicht mehr so gut gelaunt sind oder auch Späße mitmachen. Sie ziehen sich so ein Stück weit in sich zurück, das sind aber noch keine Burnouterkrankungen, sondern ich sag mal so Risikofaktoren, die sich dann zeigen.

Frage 2: Welche Faktoren führen dazu, dass jemand an einem Burnout erkrankt?

Es wird ein Zusammenhang mit den Arbeitsbelastungen gesehen, es gibt auch eine individuelle Disposition mit eine Rolle spielt. Was für den einen, ich sag mal so, eine Herausforderung darstellt, ist für den anderen schon eine massive Belastung und führt dann eben auch zu solchen Symptomen. Aber grundsätzlich ist es so, sind es Themen wie Arbeitsverdichtung, also immer mehr Aufgaben, immer komplexere Aufgaben auch auf immer weniger Schultern.

Frage 3: Welche Faktoren im Arbeitskontext tragen zur Entstehung eines Burnouts bei?

Was schon auch immer ein Faktor ist, der dazu beiträgt, ist, ich will es mal etwas vorsichtig ausdrücken, also auch die soziale Unterstützung, die man erfährt im Betrieb. Also vor allen Dingen das Vorgesetztenverhalten, inwieweit sind die Leute, die Verantwortung haben auch sensibel für so eine Thematik, da gibt es so eine aussterbende Rasse der Patriarchen, die immer weniger da sind. Also in der Regel ist da schon ein Verständnis für psychische Belastungen festzustellen, aber je nachdem, was ich halt für eine Führungskraft vorfinde, ist es natürlich auch etwas, was so eine psychische Beanspruchung einfach auch unterstützen kann oder einen Risikozustand. Das Führungsverhalten ganz grundsätzlich ist auch immer wieder ein Thema, das wir haben, beispielsweise, wenn es um Ressourcen geht, wie kann ich denn als Mitarbeiter trotz hoher Belastungen gesund bleiben, welche Ressourcen befähigen mich dazu, da zählt auch das Führungsverhalten dazu ganz klar.

Frage 4: Welche Rolle spielt die berufliche Tätigkeit in Relation zu privaten Stressoren bei der Entstehung eines Burnouts?

Das ist eine individuelle Geschichte, das habe ich auch im beruflichen Kontext so kennen gelernt, dass da wirklich die einzelne Person zu betrachten ist in ihrer Gesamtheit mit dem komplexen Background, die Leute sind ja nicht nur beruflich tätig, sondern haben Familie, sind gesellschaftlich eingebunden usw. Ich würde mal sagen, etwas mehr als die Hälfte macht die berufliche Tätigkeit aus.

Frage 5: Gibt es Ihrer Meinung nach Mitarbeiter, die besonders gefährdet sind, an einem Burnout zu erkranken?

Grundsätzlich würde ich sagen Nein, jeder ist so gefährdet, wenn er es denn zulässt. Also das hängt auch davon ab, was er so an Bewältigungsressourcen sich erarbeitet hat im Laufe seines Lebens, aber ich könnte jetzt nicht sagen, dass Jüngere, obwohl das könnte man vielleicht schon sagen, dass jüngere Leute sich jetzt noch irgendwas beweisen müssen, die könnten unter Umständen, zumindest was diese Burnoutvariante anbelangt, einfach auch in so eine Überforderung reinkommen und bei älteren Leuten ist es dann häufig so etwas wie, ja so eine Überforderung in dem Sinne, dass sie halt immer mehr Aufgaben bekommen, denen ich dann nicht mehr Herr werde, also wo ich nicht mehr auf mein Erfahrungswissen zurückgreifen kann, was ja eine wichtige Ressource gerade für ältere Arbeitnehmer ist.

Frage 6: Inwiefern ändert sich das Arbeitsverhalten von Betroffenen im Krankheitsverlauf?

Beim Krankheitsverlauf bin ich vorsichtig, denn wenn jemand krank ist, dann ist er ja nicht auf der Arbeit, also insofern spreche ich bei Burnout immer von einem Risikozustand, der dazu befähigt, eine Erkrankung hervorzurufen. Also man ist in so einem erschöpften Zustand, aber man ist durchaus, das erlebt man ja auch immer wieder, man ist durchaus noch arbeitsfähig und geht auch zur Arbeit. Es entstehen dann erst sozusagen Folgeerkrankungen auf Grundlage dieses Risikozustandes, den ich dann eben hab. Wenn ich den frühzeitig erkenne diesen Risikozustand, dann besteht durchaus, und das ist ja auch der Unterschied zu den depressiven Geschichten, besteht ja durchaus noch die Möglichkeit, sich über eine regenerative Maßnahme sich auch nochmal aus dieser Spirale zu befreien.

Frage 7: Woran können Ihrer Meinung nach Führungskräfte erkennen, wenn es jemandem psychisch nicht gut geht?

Wie gesagt, das ist einmal, und das ist auch so eine Empfehlung, die wir dann immer machen, um das sehr objektiv beurteilen zu können, um da auch Ansatzpunkte zu finden und tatsächlich da an der Arbeitsleistung, an der Häufung von Fehlern beispielsweise, ja aber auch die Leute haben Konzentrationsschwächen so in die Richtung. Es kommen häufiger Dinge, die sonst nicht stattgefunden haben, man passt im Sozialverhalten nicht mehr so oder man ist einfach ein anderer Mensch.

Frage 8: Inwiefern kann ein Arbeitgeber eine Burnouterkrankung von vorübergehendem Stress unterscheiden?

Für mich sind Stressbelastungen eben auch Burnoutgefährdete. Vorübergehender Stress, das ist dann immer auch so die Frage, wie gehe ich mit Stressoren um, vorübergehender Stress heißt für mich jetzt so bei saisonal bedingten Arbeitsverdichtungen hab, mehrere Aufgaben, die auf mich einwirken, wo ich aber dann schon weiß im Vorhinein, also das ist jetzt nur so eine Phase und das wird auch wieder anders. Eine Burnouterkrankung oder dann auch eine chronifizierte Stresserkrankung, die hat ja immer auch damit zu tun, dass man sich in ein so einem erschöpften Zustand bewegt, der mit Dauerstress zu tun hat über einen längeren Zeitraum und dann letztlich diese Dauerbelastung nicht mehr aushält und dem ganzen nicht mehr standhält, insofern ist vorübergehender Stress etwas, also wenn man das so feststellen kann, dass der nach einer bestimmten Zeitspanne auch wieder vorbei ist, dann entstehen da unter Umständen auch gar keine Stresssymptome. Und wenn man sagt, das ist halt jetzt mal so saisonal bedingt, aber das wird auch wieder anders, das schaff ich schon.

Frage 9: Wie können Führungskräfte konkret vorgehen, wenn sie erkennen, dass ein Mitarbeiter psychisch belastet ist?

Also wir empfehlen dann den Versuch auch ins Gespräch zu kommen, Kommunikation aufzubauen zu den einzelnen Personen, also wirklich sich auch austauschen zu können, aber das als Angebot formuliert, nicht jetzt die Leute reinizitieren und sagen, wir müssen mal reden, sondern eher so ein Angebot, das man formuliert, sag mal wie geht's denn Dir beispielsweise, um da auch eine Sensibilität zu haben. Das ist natürlich leicht gesagt. Eine Sensibilität für die Leute, für die Mitarbeiter, für die man verantwortlich ist und dann eben, wenn da tatsächlich auch im eigenen Empfinden was im Argen liegt, dass man dann so ein Gesprächsangebot formuliert und letztendlich ist es dem Mitarbeiter dann auch selbst überlassen, ob er das eben annimmt und wahrnimmt oder ob er das eben sein lässt. Erzwingen kann man das nicht, es sei denn, wenn es dann quasi fortschreitet das ganze Thema, dass man dann auf Grundlage einer nachlassenden Arbeitsleistung beispielsweise eine andere Handhabe auch hat. Dass man sich da Sorgen macht oder auch die Produktivität z.B. in den Blick nehmen muss als Vorgesetzter.

Frage 10: Wie kann der Arbeitgeber dazu beitragen, die physische und psychische Gesundheit und somit die Leistungsfähigkeit seiner Mitarbeiter zu unterstützen?

Jegliche Maßnahmen der betrieblichen Gesundheitsförderung, jegliche Maßnahmen des Arbeits- und Gesundheitsschutzes sind dazu geeignet, das ist auch wieder naja von der Einzelperson abhängig. Was für den einen gut, auch annehmbar zugeschnitten, aber es sind letztendlich die Angebote, die vorhanden sein müssen, damit ich sie auch wahrnehmen kann.

Frage 11: Welche Rolle spielen die Kompetenzen und lebenslanges Lernen zur Bewältigung der Anforderungen im Arbeitsalltag?

Aus meiner Sicht eine sehr große Rolle, also gerade das Thema lebenslanges Lernen, das ist eines, das im Grunde auch zur Stressbewältigung oder zur Burnoutprävention sehr gut geeignet ist. Im Grunde auch dem älter werdenden Arbeitnehmer die Möglichkeit zu geben, sich weiterhin auch fortzubilden, sich weiterhin auch dem Fortschritt zu stellen und im Grunde immer während seiner Arbeit, da zählt für mich das Thema Ressourcen dazu, also die persönlichen Ressourcen, die sich jemand aneignet, seien sie jetzt im privaten oder im beruflichen Bereich sind auch ganz wesentlich für das Thema Burnoutprävention. Je nachdem, was ich dann auch für Möglichkeiten bekomme, Kompetenzen zu erwerben, auch lebenslang oder mein berufliches Leben lang mich fortzubilden, umso größer ist die Chance auch den Anforderungen im Arbeitsalltag auch im Alter gerecht zu werden.

Frage 12: Welche Einstellung und Motivation eines Arbeitnehmers wirken sich präventiv auf die Entstehung eines Burnouts aus?

Aus Sicht des Arbeitnehmers zunächst eine Sensibilität für das Thema, auch so eine Selbstwahrnehmung, eine Selbstreflexion, man spricht da immer so von, dass viele Burnoutpatienten auch sich selbst in den Hintergrund stellen, gerade wenn man bestimmte Berufsfelder hernimmt z.B. den Pflegeberuf. Man kommt immer so als letzter in seiner Bedarflage. Alles andere ist wichtiger, insofern wäre das eine Einstellung eines Arbeitnehmers präventiv diesem Thema zu begegnen, wenn man sich auch mal ganz eigennützig in den Mittelpunkt stellt und auch seine eigenen Bedürfnisse auch wahrnimmt. Das erlebe ich auch oft, gerade in diesen pflegenden Berufen, die verlassen gerade ihren Arbeitsplatz und dann geht die Pflege, wenn man so will, zuhause weiter, sei es die Pflege von Angehörigen oder das familiäre Umfeld wird sichergestellt, also gerade bei Frauen, die so eine Doppelbelastung haben, die Gefahr ist da schon groß, dass man sich aufopfert und seine eigenen Bedürfnisse immer hinten anstellt.

Frage 13: Burnout wurde zu Beginn in erster Linie in sozialen Berufen diagnostiziert. Sind es hier ausschließlich die Rahmenbedingungen oder auch dispositionelle Faktoren, die bereits bei der Berufswahl vorlagen?

Also da sind wir mittlerweile auch was den wissenschaftlichen Stand anbelangt davon abgekommen, dass es über eine reine berufliche Orientierung auch zu Burnout kommen kann. Das ist immer eine individuelle Geschichte, da muss man eine individuelle Disposition dazu haben, sonst würde es z.B. gar keine Burnoutfälle geben, beispielsweise bei Leuten, die gar keinen Beruf haben, die arbeitslos sind oder wie auch immer. Es ist eine individuelle Geschichte, der Beruf spielt bestimmt eine Rolle, aber ist nicht alleinig dafür verantwortlich. Das macht es dann letztlich auch so schwer in der Diagnose oder auch in der Frage, wie gehe ich denn jetzt mit einem Burnoutgefährdeten um, so die einzelnen Faktoren zu isolieren und zu sagen, also gut, was führt denn jetzt dazu, dass Du so leistungsschwach wirst, so erschöpft bist und nicht mehr schlafen kannst und was es alles so an Symptomatik dann auch passiert.

Frage 14: Wie sollten das Arbeitsumfeld und die Arbeitsorganisation gestaltet sein, um Belastungen am Arbeitsplatz zu vermeiden?

Also zunächst mal, Belastungen am Arbeitsplatz kann man nicht vermeiden. Das ist mal das erste, die Frage ist, wie man aus diesen Belastungen, Sie kennen das sicher auch, das Belastungs- Beanspruchungsmodell. Also wann wird eine Belastung für den einzelnen auch zu einer Beanspruchung bzw. wann wird eine Belastung eben aufgrund fehlender Ressourcen auch zu einem Problem bzw. zu einer Gesundheitsgefahr. Insofern hängt quasi die Gestaltung von Arbeitsumfeld und Arbeitsorganisation genau mit diesem zusammen. Also wenn ich im Arbeitsumfeld und der Arbeitsorganisation es schaffe, dass eben die Belastungen auch aufgenommen und verarbeitet werden können. Also ich hab hohe soziale Unterstützung in meiner Gruppe, über meine Vorgesetzten, es finden belohnende Systeme statt beispielsweise ich werde als Mensch wahrgenommen, bin nicht nur eine Nummer in so einem großen Getriebe. Ja ich werde wahrgenommen auch mit meinen persönlichen Dingen, habe vielleicht auch sogar mal die Möglichkeit, private Dinge anzusprechen mit meinen Kolleginnen und Kollegen oder auch mit meinen Vorgesetzten. Also das hat immer aus meiner Sicht viel mit Kommunikation zu tun, mit der Möglichkeit, sich auszutauschen. Viel mit der Möglichkeit dann auch, sich soziale Unterstützung einzufangen.

Frage 15: Wie können sich Führungskräfte am besten verhalten, um Burnoutfälle im Unternehmen zu verhindern?

Tatsächlich Gesprächsangebote formulieren, sich als Ansprechpartner zeigen, so nach dem Motto, meine Tür steht für Dich offen, wenn Du Probleme hast, dann kannst Du dich gerne an mich wenden, ich versuche Dir zu helfen, ich bin für Dich da, das ist mal so dieses Gesprächsangebot auf dieser kommunikativen Ebene. Dann aber auch tatsächlich über konkrete Maßnahmen, also diese Dinge wie außergewöhnliche Leistungen honorieren, Lob aussprechen, letztlich hängt das mit dem Führungsstil zusammen, den man an den Tag legt. Bin ich jemand, der auch in der Lage ist, außergewöhnliche Leistungen anzuerkennen und dann auch entsprechend zu honorieren und den Leuten mal auf die Schulter zu klopfen, wenn es gut geklappt hat. Und wenn es mal nicht gut geklappt hat, bin ich dann auch jemand, der komplett aus der Haut fährt oder jemand, der konstruktiv auch mit solchen Dingen umgehen kann. Also da auch immer Wege eröffnet und sagt, das müssen wir das nächste mal anders machen, aber das schaffen wir dann gemeinsam, ich sag dir dann, wie ich es gerne hätte. Ich glaub das führt alles in der Summe dann auch dazu, dass der Mitarbeiter sich wohl fühlt, dass er sich wahrgenommen fühlt, dass er entsprechend dann auch so ein Gefühl gar nicht aufbaut, dass er einfach nicht mehr weiter kommt. Nur die Führungskräfte hängen halt auch in ihrem Hamsterrand drinnen und werden von allen Seiten mit Aufgaben betraut, aber letztlich zeichnet das eine tolle und gute Führungskraft aus, wenn sie die eigenen Belastungen, die da auch ein Stück weit mitreinspielen, ausblenden und sagen, also mein Mitarbeiter, der hat gerade ein Problem.

Frage 16: Welche Maßnahmen der Verhaltensprävention, d.h. individuelle Verhaltensweisen des Mitarbeiters, können zur Förderung der psychischen Gesundheit beitragen?

Das Thema Verhaltensprävention ist ein ganz wesentliches auch, also das Verständnis, das auch jeder einzelne erst entwickeln muss, dass er durchaus auch in der Lage ist, seine eigene psychische Gesundheit auch positiv zu beeinflussen. Dazu muss er aber sich auch ein Stück weit erfahren aus meiner Sicht, er muss sich entsprechend auch erproben, was tut mir gut, was tut mir nicht gut. Da sind wir sehr eng am Thema persönliche, individuelle Stressbewältigung. Also bin ich jemand, der auf motorischer Ebene seinen Stress bewältigt, gehe ich nach der Arbeit zum Joggen oder zum Nordic Walking oder wie auch immer. Bin ich vielleicht auch einer, der auf vegetativer Ebene zuhause ist, der dann sagt, ich gönn mir einfach mal was gutes, ich geh mal in die Sauna, ich tu was für den Geist, ich treff mich mit Freunden und was es da alles an Möglichkeiten gibt. Das hab ich oft festgestellt in Unternehmen, ist ganz unterschiedlich bei den Personen und entsprechend muss man sich da auch vielleicht noch besser kennen lernen, was einem gut tut und was einem nichts bringt. Das Thema Verhaltensprävention ist jetzt für die individuelle Stressbewältigung und Burnoutprophylaxe was ganz wesentliches.

Frage 17: Wie wirkt sich ein Burnout auf den beruflichen Werdegang aus?

Heute früh habe ich mit einer Referentin telefoniert, die hat mir dann berichtet, dass sie schon zweimal einen Burnout hatte, die war eben selbständige Unternehmerin und hat dann, nachdem ihr Mann dann auch noch gestorben war, ihren Laden verkauft und hat sich jetzt quasi ganz anders orientiert und ist jetzt so eine selbständige Trainerin, so auf Naturheilverfahren spezialisiert usw. Also das ist jetzt so eines von vielen Beispielen, wo man sagt, also da hat das Thema Burnout auch eine Konsequenz gehabt, so konnte es nicht weiter gehen. Aber auch das ist glaube ich ganz bunt, ganz vielfältig, hängt auch davon ab, was krieg ich für Unterstützung, will ich auch in dem Job bleiben, gefällt mir mein Job gut, ist der Job jetzt auch eine der wesentlichen Ursachen, die zu meiner Burnoutproblematik führen und dann muss ich vielleicht einen Beruf dann einfach verlassen, weil er mir einfach nicht gut tut.

Frage 18: Welchen Nutzen kann ein Betroffener ein Ihrer Meinung nach aus einem Burnout ziehen?

Naja, also da ist zunächst einmal die Voraussetzung, dass er diese Burnouterkrankung positiv bewältigt hat und dann denke ich, gerade in dieser Bewältigung, auch die Frage, was hat denn dazu geführt, dass ich in diese Problematik gekommen bin. Dann ist es ja im Idealfall ebenso, ich kann dann sagen, also das passiert mir einfach nicht mehr, weil ich weiß, dieses und jenes darf ich mir einfach nicht zumuten oder da muss ich vorsichtig sein, da hab ich eben meine Erfahrungen gemacht. Ich hab einfach mit dieser Erkrankung, ja habe ich mich auseinander gesetzt und in diesem Auseinandersetzen, das wünscht man dann auch den Betroffenen eben, habe ich auch was gelernt. Und dann kann ich im besten Falle diese Fehler und diese Gegebenheiten einfach vermeiden zukünftig.

Frage 19: Lässt sich tatsächlich ein Anstieg an psychiatrischen Erkrankungen verzeichnen oder handelt es sich primär um eine Zunahme an Diagnosen?

Was ich schon vermehrt feststelle, es geht ja auch immer um diese Themen, also die Anzahl und auch die Dauer von psychischen Erkrankungen haben sich massiv erhöht in den vergangen Jahren. Welche Ursachen stecken denn dahinter? Und da kommt man immer zu einer Betrachtung von Arbeitsbelastungen und zu diesen vielfältigen Betrachtungen eben, was alles auf die Leute einstürmt. Was aber dazu kommt ist auch eine viel stärke Sensibilität in der Gesellschaft, man sagt auch ein Hausarzt hätte früher nie aufgrund einer Burnoutproblematik jemanden krankgeschrieben oder viel seltener als er es heutzutage tun würde, weil ihm einfach ein Stück weit das Know How dazu gefehlt hat, auch die Sensibilität für dieses Thema und wenn man jetzt von der Arztschiene weggeht , dann kann man das durchaus auch übertragen jetzt beispielsweise auf Arbeitnehmer im produzierenden Gewerbe, wenn man sich ein Maschinenbauunternehmen vorstellt mit v.a. männlichen Arbeitnehmern, da ist ja im Grunde selten mal jemand offizielle zumindest wegen einer psychischen Erkrankung ausgefallen. Das ist jetzt auch was, was gesellschaftlich auch mehr auf der Tagesordnung steht, was stärker in den Fokus genommen wird und bei Fokus denke ich dann auch an die Medien, das wird hier auch viel offener, viel häufiger kommuniziert und insofern ist das einfach ein Thema, das nicht mehr so unter den Teppich gekehrt wird, man kann offener damit umgehen. Es ist auch auf alle Fälle so, dass mehr diagnostiziert wird, wir haben ja diese hohe Fallzahlen was Steigerungen anbelangt. Also ich meine in den vergangen 30 Jahren 80 Prozent mehr Fälle an psychischen Erkrankungen, das ist jetzt nicht immer auf eine Burnout -erkrankung zurückzuführen, ja und das hat natürlich vielfältige Ursachen, das kann man aus meiner Sicht nicht eindimensional betrachten.

Experteninterview 3

Frage 1: Worin sehen Sie die wesentlichen Merkmale einer Burnouterkrankung?

Typisch ist, dass er erst mal sehr überengagiert wirkt, man hat einen High-Performer, der nochmal mehr Gas gibt und dann merkt er, dass er damit nicht so erfolgreich ist und lässt dann häufig schnell nach. D.h. er wird ab und zu mal krank, er wird launisch, er zieht sich mehr und mehr zurück, die Arbeitsleistungen werden schlechter, es schleichen sich mehr Fehler ein, das sind die Merkmale, woran man Burnout erkennt. Letztendlich ist der Mensch nicht mehr so leistungsfähig wie er früher war. Das ist ganz typisch, wenn er früher locker so acht Stunden gearbeitet hat, fallen ihm jetzt Kleinigkeiten schwer, sagt er wenn er jetzt den Schreibtisch aufräumen muss-, sagt er, eine riesen Arbeit, eine riesen Belastung.

Frage 2: Welche Faktoren führen dazu, dass jemand an einem Burnout erkrankt?

Ich denke, dass es schon ein perfektionistischer Mensch ist, der sehr hohe Ziele hat. Ich denke auch, dass die Kindheit eine Rolle spielt, dass jemand gehört hat, Du musst gut sein, um zu bestehen, Du musst im Job gut sein. Wenn sich jemand sehr stark über den Job definiert, also das auch vorgelebt bekommen hat. Dass jemand unrealistische Vorstellungen hat von dem Beruf, also klassisches Beispiel ist der Lehrer oder der Sozialarbeiter oder Krankenschwester. Das dann die Realität sagt, das ist ganz anders und Du kannst diese hohen Ziele niemals erreichen letztendlich.

Frage 3: Welche Faktoren im Arbeitskontext tragen zur Entstehung eines Burnouts bei?

Das sind auch Chefs, die sehr viel verlangen, also ich hab häufig erlebt, dass Chefs, die selbst durch ein Burnout gehen oder auch drin sind, was die mir manchmal erzählen, die ziehen auch Burnout Mitarbeiter an. Z.B. ich kenn eine Führungskraft, der kommt morgen früh um sechs und geht abends um zehn und das Auto steht vor der Tür und die Mitarbeiter sehen das und haben ein schlechtes Gewissen, pünktlich zu gehen. Dadurch entwickeln die das oder die erwarten sehr viel Leistung. Z.B. kenn ich auch einen Chef, der hat Zeit bis Sommer für ein Projekt, sagt aber, wir müssen es jetzt im Januar oder Februar erledigt haben. Und das macht einen wahnsinnigen Druck, dann ruft er auch oft hinterher und fragt, hast Du auch schon erledigt und der kam noch nicht dazu, der Mitarbeiter.

Frage 4: Welche Rolle spielt die berufliche Tätigkeit in Relation zu privaten Stressoren bei der Entstehung eines Burnouts?

Also ich denk, es spielt schon auch eine Rolle. Meistens ist auch dieser Mensch im privaten Bereich auch sehr perfektionistisch, also bei Frauen beispielsweise muss dann der Haushalt perfekt erledigt sein, dann müssen die Kinder perfekt sein, mit dem Mann muss die perfekte Ehe dargestellt werden. Das sind dann so viele Kombinationen, die denn Mensch schwer schaffen kann. Oder er lädt sich auch sehr voll, d.h. Freizeitverhalten, der Kalender ist dann voll mit Sport und Verein und dieses und jenes, der Mensch kommt dann überhaupt nicht mehr zur Ruhe in seinem Leben. Das sind viele Faktoren, die da eine Rolle spielen, aber der Perfektionismus zeigt sich überall durchgängig.

Frage 5: Gibt es Ihrer Meinung nach Mitarbeiter, die besonders gefährdet sind, an einem Burnout zu erkranken?

Sehr leistungsorientiert, oft auch sehr gute Noten so in der Schule, gute Studienergebnisse, gute Ausbildungsnoten. Das ist immer so ein Indikator, wenn jemand so 1,0 hat, dann besteht die Gefahr, dass er sich sehr über die Arbeit definiert. Dies spielt auch eine Rolle auch bei der Auswahl von Mitarbeitern. Häufig fehlt bei den Einserkandidaten das Transfer- und Praxiswissen. Bei Burnoutmenschen ist häufig Leistung so alles und der Mensch so austauschbar. Es ist schwierig, wenn ein Mensch so denkt, der sagt, wenn es Dir nicht passt, dann nehm ich halt den nächsten, es gibt genug Arbeitslose. Das ist dann schwierig.

Frage 6: Inwiefern ändert sich das Arbeitsverhalten von Betroffenen im Krankheitsverlauf?

Das typische, er gibt erst mal viel mehr Gas, das ist so die erste Stufe, um Erfolge zu erreichen, die er aber nicht erreichen wird der Mensch. D.h. danach sinkt er irgendwann ein. Er ist dann so lustloser, macht dann vielleicht nur Dienst nach Vorschrift, schimpft oft über Klienten oder Kunden also im sozialen Bereich, er sieht dann so keinen Sinn mehr in der Tätigkeit. Das ist ganz typisch, er lässt dann so nach und wird auch krank, er ist dann häufig erkältungsmäßig krank, psychosomatisch krank. Manche trinken auch häufig, das fällt dann auf bei Männer, oder Medikamente bei Frauen. Also das fällt dann schon auf, wo auch der Chef merkt, irgendwas ist anders mit dem. Der ist so auffallend oft am Montag und Freitag krank, auch so etwas gibt's oft. Oder, dass jemand nach Alkohol riecht am Arbeitsplatz, das man sagt, irgendwie komisch. Oder bei jungen Leuten, dass die Drogen nehmen. Das sind so Auffälligkeiten.

Frage 7: Inwiefern kann ein Arbeitgeber eine Burnouterkrankung von vorübergehendem Stress unterscheiden?

Schwierig. Also ich mach ab und zu so Trainings für Betriebsräte, das ist dann über Burnout, Sucht und Drogen. Und die haben schon Schwierigkeiten, überhaupt diese Belastungssituation zu erkennen. Es ist auch schwer, weil das auch oft zusammenhängt. Also wenn jetzt z.B. jemand Burnout hat und fängt das Trinken an, dann ist halt die Frage, was war zuerst. Das ist schwierig, das ist auch für den Arbeitgeber schwer und ist auch für den Therapeuten nicht so einfach auf den ersten Blick. Da muss man längere Zeit dahinter leuchten. Ich denk, gut wäre es, wenn er überhaupt erkennt, da ist was anders irgendwie, ist auch Wurscht, ob er jetzt Burnout oder was anderes hat. Mit dem Mitarbeiter muss man irgendwas machen, damit man dem helfen kann letztendlich. Das wär wichtig.

Frage 8: Wie können Führungskräfte konkret vorgehen, wenn sie erkennen, dass ein Mitarbeiter psychisch belastet ist?

Das ist auch von Firma zu Firma sehr verschieden. Also manchen ist das Wurscht, die sagen, da muss er durch, das gehört zum Job dazu. Hab ich schon gehört, also ist echt erschreckend. Danach ist er mal ein halbes Jahr auf Reha, das ist dann der nächst Schritt, das dann die Kur kommt. Manche Führungskräfte sind sehr besorgt, die schicken auch mal Mitarbeiter nach Hause und sagen machst mal Urlaub ein paar Tage. Oder sorgen auch dafür, dass er eine Kur antritt oder schicken den, wenns so was gibt zu einem Sozialdienst in der Firma und sagen, sprich da mal, was da so los ist. Aber so diese Unsicherheit ist schon da. Also viele sagen, es ist was Neues, auch eine Modekrankheit Fragezeichen. Die meisten Firmen sind auch dankbar, Hilfen anbieten zu können, die sagen ok, wir schicken Dich mal zu Deinem Hausarzt zumindest.

Frage 9: Wie kann der Arbeitgeber dazu beitragen, die physische und psychische Gesundheit und somit die Leistungsfähigkeit seiner Mitarbeiter zu unterstützen?

Er ist ja eigentlich verpflichtet dazu. Manche Firmen machen das sehr gut, die haben ein tolles Gesundheitsmanagement, d.h. es gibt im körperlichen Bereich Fitnesstrainings in der Firma oder es gibt Verträge mit Fitnessstudios. Es gibt Ernährungsberatungen, wobei die oft auch fragwürdig sind, aber gut. Es gibt Antistresstrainings oder ähnliches, es gibt Arbeitsplätze, die von der Belastung her gut auszuhalten sind, keine monotonen Arbeiten oder ähnliches. Das wäre so der Idealzustand. Das machen aber fast nur Großunternehmen, Kleinunternehmen haben dafür wenig Geld und auch wenig Zeit. Und wenn man dann kommt, schick die mal zum Fitnessstudio oder wir machen mal ein Antistresstraining, dann schauen die einen groß an. Also die Prävention ist schon hilfreich, wobei das auch jeder Mensch selbst machen könnte. Wenn jemand merkt mir geht's schlecht, dann könnte er ins Fitnessstudio gehen oder mal über Ernährung ein Buch lesen oder insgesamt ein bisschen runterfahren. D.h. die Prävention ist auch immer ein bisschen vom Menschen abhängig, oder sie knallen sich dann mit allen Kursen voll und haben dann den nächsten Stress.

Frage 10: Welche Rolle spielen die Kompetenzen und lebenslanges Lernen zur Bewältigung der Anforderungen im Arbeitsalltag?

Find ich gut, find ich wichtig, mach ich auch bei einer Firma, die haben bei den Azubis Kompetenztraining, wo es einfach darum geht, Konflikttraining beispielsweise wie kann ich mit einem Kollegen umgehen, wenn ich Streit habe. Oder so ein Antistrosstraining ins Leben einbauen oder ähnliches. Aber auch hier hat es Grenzen, das muss der Mensch auch akzeptieren. Es gibt Berufsbilder, für die ist das alles Quatsch, das muss auch die Firma akzeptieren ist auch klar. Ich denk, wichtig wäre es, aber da ist auch noch sehr viel zu tun, an Aufklärung. Das liegt auch an der Herkunftsfamilie, an der Firmenphilosophie überhaupt. Und es gibt immer noch Firmen, die sagen, Hauptsache, er funktioniert damit. Viele Firmen z.B. in der Großindustrie gucken auch, dass immer mal eine Job Rotation stattfindet, dass der eine mal hier und eine Woche dort ist.

Frage 11: Welche Einstellung und Motivation eines Arbeitnehmers wirken sich präventiv auf die Entstehung eines Burnouts aus?

Na gut, eine Firma möchte einen guten Mitarbeiter, d.h. wenn ich jetzt nur sag, ich nehm jetzt diese Low Performer, wärs schlecht und ein High Performer ist natürlich ein sehr beliebter Mitarbeiter, insbesondere bei Firmen die Frauen einstellen, Frauen sind leicht zu motivieren, es gibt Frauen, die sagen, ich muss ehrgeizig sein. Ehrgeiz ist ja sowieso so ein schwieriges Wort, so gierig nach Ehre. Das sind dann schon gute Mitarbeiter, die Frage ist dann, wie lang macht das diese Mitarbeiterin. Also ich kenn Frauen, die sind dann 30, Mitte 30 und sind kaputt gemacht worden oder haben sich selbst kaputt gemacht. Ich denke mal gut wäre es, wenn jemand ein funktionierendes Familienleben auch hat. Wenn jemand einen Freundeskreis, Familie hat, ab einem gewissen Alter vielleicht auch wäre das gut, dass der nicht mehr nur für die Arbeit lebt. Das kann sich aber alles schnell ändern, es ist schwierig auch so Langzeitprognosen zu machen. Nur es gibt Menschen, die sehen die Arbeit sehr verbissen, auch sehr strukturierte Berufe, ich kenn das von Steuerberatern, Rechtsanwälten. Die müssen sehr strukturiert arbeiten und es gibt halt den Vertriebler, der vielleicht lockerer ist irgendwo. Also ich denk, jemand der sagt, wenn ich das morgen nicht mehr mach, was ich heute mach, ist das weniger das Problem, ist weniger davon betroffen als jemand, für den das eine Katastrophe wäre, wenn er jetzt vor der Entlassung steht. Und dann ist der Mensch vielleicht noch mehr drin und will noch mehr arbeiten und noch mehr arbeiten.

Frage 12: Wie sollten das Arbeitsumfeld und die Arbeitsorganisation gestaltet sein, um Belastungen am Arbeitsplatz zu vermeiden?

Also ideal vom Körperlichen her wäre natürlich nach ergonomischen Grundlagen. Da achten Firmen schon drauf, d.h. Beleuchtung passt, Lärm usw. Ich kenn aber auch noch Firmen, wo es einfach noch schwierig ist von Beleuchtung, Lärm, Schmutz etc. Das ist schwierig. Natürlich wäre es gut, wenn ich nicht so ganz starre Zeiten hab, wie ich es z.B. mitbekommen hab im Call Center. Die haben sehr starre Takte. Es gibt viele Berufe, wo jemand mal aufstehen kann und Kaffee trinken kann und keiner sagt was. Bei manchen Firmen wäre das nicht schlecht. Aber schöner wäre die Freiheit und auch so eine Kultur der Wertschätzung. Also wenn ein Chef sagt, ich weiß, der macht seine Arbeit und wenn der jetzt mal eine halbe Stunde später kommt, dafür bleibt er da mal länger, aber die Arbeit ist einfach gemacht. Und ich seh auch den Wert der Arbeit und ich sag nicht nur, da hast Du einen Fehler gemacht. Diese Lobkultur ist bei uns so eine Sache, Kritik klappt mittlerweile ganz gut, auch faire Kritik, aber so ein ehrliches Loben. Ich merk das oft bei Managementtrainings, wenn ich sag, Lob mal, dann sagt er, Bist gut!. Also richtiges Loben machen viele halt nie, auch nicht privat. Ich hab das in anderen Ländern anders erlebt, aber gut.

Frage 13: Wie können sich Führungskräfte am besten verhalten, um Burnoutfälle im Unternehmen zu verhindern?

Klassischerweise, dass er sich selbst unter Kontrolle hat. D.h. wenn er nicht vorleben kann, auch mal Freizeit zu machen, und wenn er nicht vorleben kann, dass auch mal ein Fehler passiert, dann ist das schon mal schlecht. Wenn der zwar eine gute Leistung verlangt und erwartet, aber das auch fair rüberbringt, d.h. ein faires Mitarbeitergespräch, klare Ziele, die auch vom Mitarbeiter akzeptiert werden, die sagen, das kann ich erreichen. Also nicht zu sagen, Du bist nicht mehr 100 Prozent so wie ich das gerne hätte, also ich kenn auch solche Firmen, das ist dann eher fragwürdig. Die dann sagen, ich tausch Dich aus. Schöner wäre es halt, wenn es fair ist, nur das Problem ist, das ist natürlich zweischneidig, es gibt Mitarbeiter, die nutzen das auch schamlos aus, d.h. man braucht auch den Mitarbeiter, der sich fair verhält, das ist halt die Frage. Da gibt's keine 100 Prozent Ideallösung, ich hab die Erfahrung gemacht bei Chefs, die relativ locker sind, die auch menschlich sind, das auch kennen, auch mal negative Sachen erlebt haben im Leben, das sind oft die besseren Chefs als ein Chef, der auf seinem hohen Ross sitzt. Ich kenn das so von BWLern, die kommen frisch vom Studium, die sehen nur noch Zahlen und dann sagen die so zack, zack zack, das wird so entschieden und da hab ich immer so ein ungutes Gefühl.

Frage 14: Welche Maßnahmen der Verhaltensprävention, d.h. individuelle Verhaltensweisen des Mitarbeiters, können zur Förderung der psychischen Gesundheit beitragen?

Also Prävention ist schwierig. Ich denk, wenn jemand so erzogen ist, so leistungsorientiert zu sein, wird er erst mal nicht darauf kommen, etwas zu verändern. D.h. die meisten Menschen erfahren es vielleicht irgendwann mal, weil die von Partnern verlassen werden, die sagen, Du kennst nur Deine Arbeit. Also vielleicht mal drüber nachdenken, oder sie finden neue Partner, die da ähnlich sind, das ist natürlich dann schwierig. Da ist dann jeder so in seiner Arbeitswelt und die finden dann keine Lösung. Viele sind dann aber auch mal durch einen Krankheitsfall so tief gefallen, dass sie dann mal über das nachdenken. Aber das fällt vielen auch wieder schwer zu sagen, ich lass die Arbeit mal ein bisschen lockerer sein oder ich mach vielleicht nur noch Teilzeit. Das ist für viele dann auch so das Gefühl, ich hab versagt. Also ich denk, eigentlich kann der Mensch nur dann was ändern, wenn er eine Therapie macht danach. Wenn er wirklich sagt, ich verändere mich hier vom Kopf her, ich mach vielleicht mal ein Jahr eine Therapie 25 Stunden Kurztherapie. Das kann was ändern, ansonsten wird der eigentlich sehenden Auges gegen die Wand fahren.

Frage 15: Wie wirkt sich ein Burnout auf den beruflichen Werdegang aus?

Also in der Regel gibt es einen Karriereknick, d.h. es ändert sich was. Ich hab z.B. Personen im Management erlebt, die sagen, sie möchten nur noch ganz einfache Tätigkeiten. Ich hab auch einen Manager erlebt, der ist komplett abgestürzt mit Alkohol, der mir sagte, ich will einen Job in der Friedhofsgärtnerei. Also was ganz Leichtes an der frischen Luft. Also es ändert sich in der Regel schon was. Ich kenn kaum jemanden, der genauso weiter arbeitet wie vorher. Es gibt auch die Möglichkeit, dass jemand erwerbsunfähig wird, dass jemand verrentet wird, die Fälle gibt's auch. Selten ist, dass jemand auf dem gleichen Niveau weiterfahren kann. Kenn ich manche, aber die sind dann auch sehr anfällig für Krankheiten wieder, d.h. die sind oft bei leichten Turbulenzen schnell wieder raus. Also i.d.R. gibt's einen Knick. Das sieht man auch bei Lebensläufen, was ja eigentlich nichts Schlechtes ist, wenn jemand mal ein Jahr aussteigt, aber das wird von manchen Arbeitgebern noch negativ gesehen. Aber es verändert sich schon was, also so klassisch weiter laufen wird's nicht, es gibt auch Trennungen in Beziehungen, oder dass jemand ganz was anderes macht, z.B. umschult

Frage 16: Welchen Nutzen kann ein Betroffener Ihrer Meinung nach aus einem Burn-out ziehen?

Ja gut, normal sollte er das Leben wieder lieben lernen, also auch so eine Neuorientierung, zu sagen Arbeit ist nicht alles. Ich bin auch gut ohne Arbeit. Das ist ja besonders auch für Frauen oft schwierig, die sagen, ich bin dann nichts wert und da forderts halt wieder den Support vom Therapeuten oder auch von Freunden. Jetzt ist aber der Teufelskreis, dass diese Menschen meistens Freunde haben, die auch sagen, ist doch alles super. Die sagen, Du brauchst die Handtasche für1000 Euro, sonst bist Du nicht gut und das ist dann schwierig, d.h. da kommt es dann auch oft zum Bruch mit Freunden oder auch mit der Familie. Und ob das dann wieder jemand allein stämmen kann, ist oft schwierig. Die sagen mach halt lieber weiter und schluck halt dann die Psychopharmaka und funktionier so. Also gut wäre es zu lernen, es gibt wichtigeres im Leben. Es gibt so ein schönes Buch so von Todkranken, die sagen, was hätte ich anders gemacht im Leben, die antworten, Ich hätte weniger arbeiten sollen, hätte mir mehr Freizeit nehmen sollen, aber da muss ich erst mal hinkommen. Also wenn ich halt im Kopf drin hab, Du bist dann gut, wenn Du gut bist im Job, das wegzubekommen ist schwierig. Das ist so eine Erziehungsbotschaft.

Experteninterview 4

Frage 1: Worin sehen Sie die wesentlichen Merkmale einer Burnouterkrankung?

Burnout ist erst mal mit zwei Dingen verbunden, das eine ist eine Frage der Energie, also die Kraft lässt nach und die hat schon längst nachgelassen, nur der entsprechende Mensch merkt das nicht. Damit verbunden ist sozusagen eine Art Kontrollverlust, dass so Leute auch Dinge des Alltags nicht mehr hinkriegen, wenn es wirklich so ist, dass im Burnout schon zu viel verbrannt ist an Energie. Dass man dann die einfachsten Sachen des Alltags nicht mehr hinkriegt bis dahin, was ich neulich mal als Beispiel gehört habe, dass jemand den eigenen Namen nicht mehr weiß. Das ist dann schon fortgeschrittenes Stadium. Und das dritte, was sozusagen der untergründige Prozess bei dem Ganzen ist, aus meiner Sicht ist, dass man das als Betroffener lange Zeit nicht merkt oder nicht wahr haben will. Also die mangelnde Selbstwahrnehmung, d.h. ein zunehmender Realitätsverlust über den inneren geistigen, seelischen, körperlichen Zustand.

Frage 2: Welche Faktoren insbesondere im Arbeitskontext tragen zur Entstehung eines Burnouts bei?

Also das ist einmal eine auf lange Dauer zu hohe Arbeitslast, zweiter Faktor, der sozusagen dazu geführt hat mit dieser Arbeitslast, ist eine Selbstüberschätzung, was wir vorhin schon hatten und das zahlt sich dann aus und rächt sich bitter oder ein zu viel Aufladen von Seiten der Führung oder der Organisation und Unternehmen insgesamt. Damit sind wir beim dritten Faktor, das ist das Thema Führung im Sinne von Balance von Anforderungen und Kompetenzen und Ressourcen, die jemand hat. Der Faktor, der sozusagen dahinter noch steht, ist die Frage nach der Unternehmenskultur, wie man generell mit Leuten umgeht, hier auch das Thema Leistung, bezahlte Leistung, erwartete Leistung, Überstundenregelung. Auch von Schutz von Mitarbeitern vor Übergriffen von auf Dauer überfordernden Situationen, also wie das eigentlich geregelt ist. Aber ich hab bewusst mit dem Thema Eigenverantwortung angefangen, also die eigene Arbeitslast zu der man auch irgendwo ja gesagt hat, weil man sich davon Beförderung oder in der Fehleinschätzung der eigenen Leistungsfähigkeit. Was natürlich als fünfter Punkt noch mit reinspielt ist das Thema private Lebensverhältnisse. Also in welchem Energieumfeld bewege ich mich, wie schauts sonst im privaten aus. Wer da stabil unterwegs ist, der tut sich natürlich auch leichter, mal enorme Anforderungen zu bewältigen als jemand der, gesundheitlich eh schon immer angeschlagen ist oder jemand, der zuhause pubertierende Kinder hat oder gerade aktuell in einer Trennung steckt oder alte Eltern zu pflegen hat.

Frage 3: Gibt es Ihrer Meinung nach Mitarbeiter, die besonders gefährdet sind, an einem Burnout zu erkranken?

Ja, würde ich schon sagen. Eine Gruppe sind sicher die Leute, die ich jetzt gerade genannt habe, die vom privaten her gerade ein bisschen angeschlagen sind, die zweite Gruppe ist Leute, die gerade eine berufliche Veränderung vorgenommen haben, wenn man beispielsweise an einem anderen Standort arbeitet, den man nicht kennt, die dauernd unterwegs sind. Bis die jemand kennen lernen ist das Wochenende rum und dann sind sie wieder vier Tage unterwegs, ich bin immer nur so im privaten Umfeld. Dann sind es natürlich Führungskräfte und Manager, die viel unterwegs sind. Vielleicht auch Mitarbeiter, die Teams an mehreren Standorten zu führen haben, die viel unterwegs sind. Und eine vierte Zielgruppe würde ich mal sagen generell, Vertrieb, die sehr starke „incentives" bekommen. Die einfach ich sag mal 200 Prozent verdienen können, wenn sie 200 Prozent Leistung bringen. Da ist auch manchmal die Frage, was das kostet. Wenn man sich dran gewöhnt hat, dann macht man das drei Jahre lang und merkt es eigentlich auch gar nicht mehr.

Frage 4: Woran können Ihrer Meinung nach Führungskräfte erkennen, wenn es jemandem psychisch nicht gut geht?

Ja gut, erstens merkst Du es an der Laune, zweitens sicher auch am Verhalten, was z.B. Zuverlässigkeit betrifft, Offenheit für neue Ideen, neue Vorschläge. Wenn jemand am Limit ist, dann hat man normal nicht den Nerv, noch zwei oder drei andere Möglichkeiten zu diskutieren. So in dem Dreh würde ich mal sagen.

Frage 5: Wie können Führungskräfte konkret vorgehen, wenn sie erkennen, dass ein Mitarbeiter psychisch belastet ist?

Die erste Aufgabe ist es, gezielt und genau zu beobachten und seine Wahrnehmung zu überprüfen. Der zweite Punkt ist sich selbst zu reflektieren, was hat das unter Umständen mit mir zu tun. Ich würde jetzt da weniger, sagen wir mal die anderen Leute fragen, sag mal findest Du auch, dass der sich so komisch verhält, vielleicht eher auf einem lockeren Ton, aber nicht, da muss man selber stehen und Möglichkeiten und Instrumente in der Hand haben, um seine Wahrnehmungsfähigkeit zu überprüfen und nicht, sich der Mehrheitsmeinung anschließen. Das ist sehr gefährlich, weil jemand der psychisch belastet ist, vielleicht auch im Team nicht die Stellung hat. Und dann muss man einfach das Gespräch suchen, wenn sich die Gelegenheit bietet und sich natürlich auch schlau machen, wenn die Diagnose in die Richtung geht, was kann ich tun, wer kann mir helfen, mit wem kann ich sprechen. Ist das eine Personalreferentin, eine Beratungsstelle im Haus, Coaching, keine Ahnung. Welche rechtlichen Dinge muss ich da auch beachten, da muss ich mich dann schlau machen, aber ich sag mal, das sind dann die Fälle, ob das Suchtberatung ist, Alkohol, Burnout, Diebstahlgeschichten. Da musst Du als Führungskraft immer wissen, was Du zu tun hast und wo Deine Aufgaben liegen.

Frage 6: Wie kann der Arbeitgeber dazu beitragen, die physische und psychische Gesundheit und somit die Leistungsfähigkeit seiner Mitarbeiter zu unterstützen?

Naja, das ist die Schlussfolgerung aus dem, was ich vorhin gesagt habe, erst mal das richtige Level an Herausforderungen, die richtige Balance von Herausforderungen und Ressourcen und das auch unter allgemeinen, ich sag mal, ja guten und standardmäßigen Arbeitsbedingungen, was der Arbeitsplatz betrifft, was Räumlichkeiten betrifft. Lässt man die Leute in der Produktion arbeiten, muss man auch die entsprechenden Arbeitsmittel haben, Arbeitswege und und und. Das sind die ganzen äußeren Dinge, die müssen gegeben sein und natürlich schon mal exzellente Führung und super Klima im Team, wofür man auch etwas tun kann, dass einfach das soziale Feld, der Energieraum, in guter Verfassung ist. Das ist der beste Burnoutschutz. Das ist im privaten genauso, wenn ich regelmäßig Sport mache, mich gescheit ernähre, und an die Frischluft gehe und wenn es mir sonst einigermaßen gut geht im Leben, dann bin ich für Krankheiten weit weniger anfällig, das trifft im Team genauso zu.

Frage 7: Welche Rolle spielen die Kompetenzen und lebenslanges Lernen zur Bewältigung der Anforderungen im Arbeitsalltag?

Das hat eine hohe Bedeutung, weil ein lebenslanges Lernen, der Begriff schon sagt, dass immer wieder Veränderungen geschehen und ich mit den Veränderungen mitgehen muss, was meine Offenheit neuen Dingen gegenüber betrifft, neue Tätigkeiten, neue Wege usw. usw. Wenn ich da einigermaßen flexibel unterwegs bin, gehe ich mit dem Lauf der Dinge und stell mich nicht gegen den Fluss des Lebens. Das ist wieder eine Sache der persönlichen Lebenseinstellung, eine Frage, wie ich durchs Leben gehe und wie ich auch bereit bin, mich für die Dinge in der heutigen Arbeitswelt zu engagieren. In der heutigen Arbeitswelt ist die ständige Veränderung ja der Normalfall und wer meint, dass er dem entkommen kann, d er täuscht sich.

Frage 8: Welche Einstellung und Motivation eines Arbeitnehmers wirken sich präventiv auf die Entstehung eines Burnouts aus?

Selbstreflexion, also wo sind meine Stärken und Schwächen, wo sind auch meine Grenzen und wo sind die Ressourcen, die ich hab und was kann ich eben nicht. Und gleichzeitig sag ich mal natürlich der Wille etwas zu bewegen, der Wille etwas zu verändern, neugierig zu sein. Also ich brauch genug Antriebskräfte, um vorwärts zu kommen, aber wenn ich nicht das richtige Auto habe, oder ich fahr auf einer Straße mit einem viel zu schnellen Auto viel zu schnell, dann geht's halt in den Straßengraben. Das muss einfach zusammen passen, ein Gesamtbild seines Lebens zu haben und das sozusagen transferieren zu können auf den Job, den ich hab, da die Balance zu finden, also Balance ist für mich eigentlich so ein Schlüsselbegriff. Und ich brauch einfach die Fähigkeit, mich im Umfeld mir die entsprechenden Dinge zu organisieren, also ich brauch einen gescheiten Chef, ich brauch nette Kollegen, kompetente Kollegen, ich brauch ein paar Finanzmittel, um meine Aufgabe erledigen zu können. Wenn das Äußere einigermaßen stimmt, dann geht es leichter als wenn ich zwar alles kann, aber eigentlich unter ungünstigen Verhältnissen arbeite. Da wird es nicht zusammen gehen.

Frage 9: Wie wirkt sich ein Burnout auf den beruflichen Werdegang aus?

Das kann in zweierlei Richtungen gehen. Zum einen, dass jemand so auf die Schnauze fällt, dass er aufwacht und Grundsätze in seinem Leben überdenkt und die Krankheit als Chance versteht oder wenn er auf die Schnauze fällt und nichts draus lernt, dann bleibt er entweder liegen oder er fällt noch ein zweites mal um. Also was lerne ich aus der ganzen Geschichte? Worin steckt die Chance und die Bedeutung, auch die Botschaft, wer sich dem nicht stellt und denkt er geht zwei Wochen in die Klinik, danach bin ich gesund und kann weitermachen wie vorher, das wird in der Regel nicht funktionieren.

Frage 10: Welchen Nutzen können ein Betroffener und auch ein Unternehmen aus einem Burnout ziehen?

Also die Person, da steckt die Chance drin, dass er eine Lektion vom Leben bekommen hat, woraus er das Beste machen kann oder er begreift die Lektion nicht, dann kriegt er halt ne zweite. Das kann aber im blöden Fall mit einem Herzinfarkt enden und dann war es auch die letzte Lektion.

So und das Unternehmen, die Frage ist jetzt ein bisschen schwieriger, das hängt ja wieder davon ab, wer es ist, wenn das irgendso ein kleiner Mitarbeiter ist irgendwo, das kriegt ja keiner mit und hat natürlich nicht so die Bedeutung, was Betroffenheit auslösen kann als wenn es jemand ist, ich sag mal mittleres oberes Management, dem man so etwas vielleicht nie zugetraut hätte. Das eine ist sozusagen die Betroffenheit, die Betroffenheit auch im Umfeld auch auf der gleichen Führungsebene, das kann schon was auslösen, in dem Sinne, dass man das Positive daraus zieht und man sagt, wie kann das passieren, bin ich vielleicht der nächste. Da fängt ja automatisch ein Prozess über die Betroffenheit der Selbstreflexion an. Und Betroffenheit ist ja ein emotionaler Vorgang , der individuell ist und wenn darüber auch noch gesprochen wird auf dieser Führungsebene oder in dieser Abteilung, dann ist da schon ein zweiter Effekt erzielt worden bzw. zugelassen worden, nämlich, dass die Betroffenheit geteilt wird und man sich vielleicht über Ursachen unterhält und man aus der eigenen Betroffenheit sich fragt, Mensch wie schaut denn das bei mir aus? Die Betroffenheit über das Sprechen dazu zu den Ursachenforschung bei mir selbst entsteht und wenn bei mir selbst oder sagen wir bei jemand, der vielleicht 100 oder 1000 Leute führt, der ein paar Sachen deswegen anders macht, dann ist eigentlich aus einem schlimmen Vorfall ein positiver Effekt entstanden. Und der meiste Nutzen liegt glaub ich darin, dass man das Thema Ziele, Führen durch Ziele, Zielvorgaben, Incentivesysteme, vielleicht hier die Betroffenheit so groß ist, dass man auch über diese Dinge kritisch nachdenkt. Verheizen wir unsere Leute und wollen das gar nicht. Oder wir verheizen sie und wissen, dass wir sie halt verheizen- na gut, draußen stehen genug rum, wenn wir sie verheizen kommen auch wieder Neue. Das spiegelt also die Unternehmenskultur wieder und das unausgesprochene „Mindset" von ganz wichtigen Leuten des Top Management. Es gibt Unternehmen, die so eingestellt sind, ok draußen stehen genug, wir verbraten die, wir zahlen wahnsinnige Gehälter 250 Prozent Incentives, wenn die fertig sind, dann kommen die nächsten. Das wissen alle, alle sind einverstanden und gut ist so. Wenn das für alle Beteiligten passt, dann passts ja auch. Ja, in welchem organisatorischen Umfeld bewege ich mich denn, wenn ich das nicht will oder es gar nicht weiß und in so einem Umfeld arbeite, dann bin ich nach zwei Jahren so was von verbrannt. Es gibt genug Leute in den großen Beratungsfirmen, die das aussteigen und was ganz anderes machen wollen, die erkennen, dass sie es leid sind, sieben Tage die Woche zu arbeiten, Vollzeit unterwegs, das machen die drei Jahre und dann haben sie keine Lust und denken, die können mir bieten, was sie wollen. Es gibt immer wieder Beispiele, wo Leute dann was ganz anderes machen und erkennen, dass sie mit dem Erfahrungsschatz, dass sie erkennen, sie können dieses Wissen nutzen und anders gestalten. Aber es gibt natürlich auch Leute in den Beratungsfirmen, die bleiben gesund, das sind für mich keine Mördermaschinen, aber das Leben muss man wollen und wer das nicht weiß und da drin ist und nur denkt, wenn ich bei Boston Consulting bin, dass verdien ich ein Haufen Geld und meine Karriere ist gesichert, der kann sich da gewaltig täuschen, weil allein der Selektionsdruck so riesig ist und Du damit rechnen kannst, wahrscheinlich bin ich in zwei Jahren auch dabei. Aber das ist ein Spiel, wenn man noch nicht weiß, wie die Spielregeln und das Spiel geht, dann wird's schwierig.

Frage 1: Worin sehen Sie die wesentlichen Merkmale einer Burnouterkrankung?

Also letztendlich wie ich es kennen gelernt habe, war es das Thema mentaler Erschöpfung, Überanspruchung, ich sag mal Gereiztheit, Antriebslosigkeit. Also alles so diese Elemente, die man natürlich selbst merkt, die aber auch Dritte merken, wie z.B. meine Frau und wo man dann irgendwann den Anstoß bekommt, der Sache nachzugehen und das auch mal zu testen. Den Test hab ich gemacht, ich hatte ein Wochenendseminar von meiner Kranken-kasse und da gab es dann so eine Art Burnouterkennungstest, so nenn ich es mal, und das war so ein bisschen nach dem Ampelprinzip, grün, gelb, rot. Bei mir war das ein relativ tiefes rot und dann habe ich weitere Maßnahmen ergriffen bis hin zur Therapie und zur Reha.

Frage 2: Welche Faktoren führen dazu, dass jemand an einem Burnout erkrankt?

Naja gut, Faktoren können vielschichtig sein, häufig wird genannt das Thema Stress in allen Belangen, natürlich insbesondere was Überforderung am Arbeitsplatz anbelangt. Bis hin zu Faktoren, das war bei mir ein großes Thema- mangelnde Anerkennung im Kontext bei uns was das Geschäft anbelangt. Wir hatten bei uns in der Finanzkrise z.B. bei uns persönlich im Unternehmen auch eine Krise und ich hab damals aus jetziger Sicht den Fehler gemacht, die Dinge sehr persönlich zu nehmen und das wiederum gepaart mit dem Druck, der entsteht. Ich sag mal hier als Arbeitgeber auch ich sag mal Gelder zu erwirtschaften, um das Team ernähren zu können, sich selbst ernähren zu können, Existenzangst damit verbunden, zu haben. Das sind also Faktoren, die ich persönlich erfahren habe, aber auch so wie ich es von Dritten höre.

Frage 3: Welche Rolle spielt die berufliche Tätigkeit in Relation zu privaten Stressoren bei der Entstehung eines Burnouts?

Das ist bei mir natürlich schwer zu trennen. Ich führe das Geschäft zusammen mit meiner Frau. Das ist in diesem Fall positiv gewesen, weil das bei uns dann Hand in Hand ging und man konnte sagen, OK, ich muss ein bisschen mehr zurück treten, dafür ist meine Frau dann mehr im Vordergrund gewesen. Auslöser bei mir war schon sehr klar jetzt das Thema Geschäft, also der Einbruch von Aufträgen und Mandaten, der Entzug von Mandaten, also auch mitten im Projekt dann abzubrechen und natürlich gepaart mit Erfahrungen aus der Kindheit, die natürlich miteinfließen. Ob das halt solche Themen sind wie Anerkennung usw. Also Historisches gepaart mit Aktuellem, das war jetzt so meine Erfahrung.

Frage 4: Gibt es Ihrer Meinung nach Mitarbeiter, die besonders gefährdet sind, an einem Burnout zu erkranken?

Naja, also ich sag mal insbesondere die, die im Fokus stehen sind die, die ehrgeizig sind, die ich sag mal, Vertriebsfunktionen haben, die also wirklich, und das ist im Vertrieb natürlich besonders leicht, die messbar sind und somit einem gewissen Druck unterliegen. Die auch in Kontakt mit Kunden stehen und auch dadurch vielleicht in Drucksituationen kommen. Und es gibt, wenn man jetzt Hierarchien betrachtet, ganz klassisch die sogenannte Sandwichpo-sition, also Leute, die im mittleren Management sind, die einerseits von oben Dampf be-kommen und auch von ihren Mitarbeitern Erwartungen erfüllen müssen. Das ist auch eine persönliche Erfahrung, die sind besonders gefährdet, weil sie es nach oben und nach unten recht machen müssen.

Frage 5: Inwiefern ändert sich das Arbeitsverhalten von Betroffenen im Krankheitsver-
lauf?

Man ist natürlich bei weitem nicht mehr so belastbar wie früher, gerade als Selbständiger ist das ein nennenswerter Faktor. Wir haben das zum Glück so lösen können, dass sich das dann zwischen meiner Frau und mir verschoben hat. Das geht natürlich nicht immer so und man braucht ich sag mal viel Motivation, auch viel Bereitschaft des Umfeldes, damit umzugehen, eine gewisse Sensibilität sag ich jetzt mal. Und es ist insofern schwer, damals zumindest, da war das alles noch so negativ belegt mit Burnout. Mittlerweile ist es so, wenn ich da in meinem Umfeld schaue, dann hat Burnout fast schon den Charakter sich schmücken zu können in gewisser Weise, dass er sagt, ich bin jetzt auch im Burnout. Wenn man es nüchtern betrachtet, ist es ja oft nichts anderes als eine Depression, die halt anders tituliert wird und man braucht schon wirklich ein sehr gutes soziales Umfeld, das einen auffängt und einen kompensiert.

Frage 6: Woran können Ihrer Meinung nach Führungskräfte erkennen, wenn es
jemandem psychisch nicht gut geht?

Das eine ist eine gewisse Zurückgezogenheit, sich also aus Prozessen, aus dem sozialen Umfeld innerhalb einer Abteilung z.B. sich zurückzunehmen. Dann solche Dinge einer besonderen Gereiztheit, natürlich eine Fehlerhäufigkeit, eine geringe Belastbarkeit. Das sind so die ganz klassischen Dinge.

Frage 7: Von welchem Zeitfenster kann man bei diesem Entwicklungsprozess ausge-
hen?

Ich glaube, das zu pauschalieren fällt schwer. Das ist wirklich typenabhängig, bei dem einen kommt das schneller an die Oberfläche, der andere kann das länger kaschieren. Da würde es mir schwer fallen, eine richtige Antwort zu geben.

Frage 8: Inwiefern kann ein Arbeitgeber eine Burnouterkrankung von vorübergehen-
dem Stress unterscheiden?

Das ist ganz, ganz, ganz schwer. Es gibt größere Unternehmen, die haben Betriebsärzte, die in solcher Hinsicht geschult sind oder zumindest sensibel sind und die dann, wenn man es vertieft und wenn man als Führungskraft den Mitarbeiter motiviert, geh mal da hin, die dann in Gesprächen der Sache auf die Spur gehen können. Wenn das nicht der Fall ist, wenn sie ein mittelständisches Unternehmen haben mit 100 „people", 200, dann ist das ganz schwer, dann ist es wirklich schon positiv, wenn die Führungskraft erkennt, da ist irgendwas im Busch. Bei uns ist das so, wir sind ein kleines Unternehmen, wir sind sehr weit was unsere Strukturen anbelangt, das sind ja auch Beratungsaspekte, wir führen zweimal im Jahr Mitarbeiterberatungsgespräche durch und da hinterfragen wir auch ganz klar Richtung Arbeitsbelastung, Arbeitsumfeld, Arbeitsmittel usw. Wenn wir es nicht schon zwischendurch festgestellt haben, also spätestens da würden wir dann genau hinterfragen, was los ist und würden dann, wenn wir das Gefühl haben, da ist irgendwas, würden wir auch durchaus motivieren und darauf drängen, dass die Person, das dann weiterverfolgt und sich ärztlichem Rat öffnet. Der Arbeitgeber sollte natürlich offen sein und hinschauen, da hängt es natürlich von der Person ab, inwieweit sie das zulässt, dass man sie dann anspricht und auch moti-viert, auch wieder ganz unterschiedlich, viele, die das eben als Schwäche sehen und dann zumachen und sagen, ne was wollen sie, ich mache hier meinen Job. Das ist ein Wandel in der Gesellschaft, da sind wir mitten drin, das dauert noch eine Generation.

Frage 9: Inwiefern lohnt es sich für ein Unternehmen, Burnoutprävention zu betreiben?

Naja, da sind ja Zahlen im Umlauf wie hoch der volkswirtschaftliche Schaden ist aufgrund von Depression und Burnout, das muss man ja zusammen betrachten. Das kann man ja nicht trennen. Und von daher brauch ich nur dran denken, wenn ich ein Unternehmen hab mit zehn Mitarbeitern und eine fällt aus, dann sind das zehn Prozent plus Quereffekte, dass natürlich die, die da sind, das auch kompensieren müssen und damit auch in Stresssituationen geraten. Also die Antwort ist da relativ leicht, das macht auf jeden Fall Sinn und es rechnet sich auch. Da ist jeder gut beraten, offener zu sein.

Frage 10: Wie kann der Arbeitgeber dazu beitragen, die physische und psychische Gesundheit und somit die Leistungsfähigkeit seiner Mitarbeiter zu unterstützen?

Naja, es gibt ein Stichwort, das nennt sich BGM-Betriebliches Gesundheitsmanagement- und da gibt es mittlerweile viel Dynamik. Die Kunst hierbei ist es, zu sensibilisieren, dass das ein großes Thema ist, das quasi wertschöpfend ist oder negativ betrachtet, Geld vernichtet, wenn man sich damit nicht befasst und wir haben z.B. bei uns im Unternehmen jetzt demnächst ein Strategiemeeting durch Initialzündung der Mitarbeiter einen Gesundheitskalender aufgestellt, dass wir z.B. eine Salatwoche haben, dass wir Mittagsspaziergänge haben, gemeinsam Geschäftsführung und Mitarbeiter Essen gehen. Das findet aufgrund vieler Projekte usw. eher selten statt. Also die Botschaft, dass es gar nicht unbedingt riesen Kurse sein müssen, die bei so und so vielen Mitarbeitern ins Geld gehen, sondern dass es kleine Impulse sein können, die schon genügen, sensibel zu machen. Gestern stand in der Presse, dass die Firma Kneipp, hat ja zwangsläufig selbst mit Gesundheit zu tun, dass sie dann selbst eigene Mitarbeiter schulen z.B. als Schulungsleiter für Gesundheits- bzw. Bewegungsübungen. Das ist natürlich vorbildlich.

Frage 11: Welche Rolle spielen die Kompetenzen und lebenslanges Lernen zur Bewältigung der Anforderungen im Arbeitsalltag?

Naja gut, wichtig ist ja, gerade auch durch den Demographischen Wandel auch der älteren Belegschaft klar zu machen, dass sie wichtig sind, dass sie gebraucht werden, dass das Know How entscheidend ist und aufgrund dessen, dass ja weniger nachkommen aufgrund der Demographie erstrecht und da ist dann aus verschiedenen Gründen das lebenslange Lernen wichtig. Zum einen ich sag mal, um selbst fit zu bleiben, zum anderen auch aus Sicht des Unternehmens motivatorisch sich gegenüber dieser Zielgruppe zu zeigen, Ihr seid jetzt da nicht ein altes Eisen und wir investieren nur in die Jugend, sondern auch das als Bindungsmaßnahme zu verstehen. Das sind verschiedene Blickwinkel, die man da aufsetzen muss.

Frage 12: Wie sollten das Arbeitsumfeld und die Arbeitsorganisation gestaltet sein, um Belastungen am Arbeitsplatz zu vermeiden?

Also ich sag mal das geht los mit, wir hatten gerade gestern das Thema, wie ist ein Arbeitsplatz eingerichtet. Angefangen von der Größe des Bildschirms also Ergonomie, also da eher körperliche Themen. Beispiel von mir, ich hab einen höhenverstellbaren Schreibtisch. Einerseits als Gesundheitsaspekt, andererseits auch als motivatorischer Aspekt, ganz banal, wir hatten vor einiger Zeit neue Stühle gekauft, aus unserer Sicht hätte es eigentlich noch gereicht, aber da kam es halt doch schon zu Verspannungen und dann haben wir gesagt ok. Das haben dann alle bekommen und das war dann durchaus eine Motivation. Klar, das sind dann eher so die „hard facts", was die „soft facts" anbelangt ist das Arbeitsumfeld natürlich wichtig. Das haben wir dieses Jahr als Thema Wertschätzung, soziale Verantwortung, da auch zu schauen, wie gebe ich Mitarbeitern Feedback, ganz ganz großes Thema, da ist noch viel zu tun, da haben wir auch noch viel Potenzial. Da auch wirklich zu gucken, erreiche ich alle, kriege ich von allen Feedback gemeldet, frage ich auch danach oder warte ich bis er mir in der Cafeteria begegnet und sagt, mir geht's nicht gut, was die wenigsten dann auch von sich aus preisgeben. Also da ist der Chef, die Führungskraft, schon gefordert, möglichst strukturiert an die Sache ranzugehen und das ist nicht überall der Fall.

Frage 13: Wie können sich Führungskräfte am besten verhalten, um Burnoutfälle im Unternehmen zu verhindern?

Also das Zauberwort ist Kommunikation, das ist immer und überall das Thema und mindestens zweierlei, zum einen immer wieder präsent sein, ganz banal nicht in sein Büro morgens rein und abends wieder raus, sondern, es kommt natürlich auf den Job an- hab ich die Leute vor der Tür oder sind die im Vertrieb und ich krieg sie nur per Telefon, aber letztendlich die Ansprache, die Fürsorge. Und das zweite, eigentlich das erste, strukturiert zu hinterfragen. Also das Thema Mitarbeitergespräche und das nicht nach dem Prinzip, ah wie geht's?, sondern strukturiert. Das sollte authentisch sein. Bei uns gibt es z.B. auch ein Januargespräch, wo alle Mitarbeiter auch die Geschäftsführung bewerten, einen klaren Fragebogen um zu sehen, wie stehen wir im Delta zum Vorjahr, das kann manchmal auch anstrengen und nerven, aber wir machen das. Das sind keine dramatischen Instrumente, sind auch nicht teuer, man muss halt Zeit mitbringen, man muss es tun.

Frage 14: Wie wirkt sich ein Burnout auf den beruflichen Werdegang aus?

Naja, ich will es mal auf mich reflektieren. Ich hab für mich gesagt, ich bin also hier bei uns für den Vertrieb verantwortlich, also Neukundengewinnung. Letztes Jahr war auch wieder ein sehr schweres Jahr, wo gewisse Dinge auch wieder hoch kamen, die ich eigentlich schon dachte, hinter mir zu haben. Das geht auch gar nicht, das kann man auch nicht ablegen. Aber so aus eigener Erfahrung, das was ich letztes Jahr so als Schwerpunktthema hatte bei meinen Veranstaltungen, das hab ich für mich gemacht. Also ich hab die Veranstaltung für mich konstruiert. Da ging es um Work-Life-Balance und das ist das Zauberwort, zu schauen, wie kriegt man es hin, dass das Engagement im Berufsumfeld nicht überhandnimmt in Relation zum Ausgleich. Die Kunst ist, das ist leicht gesagt, das in Einklang zu bringen und zu schauen, dass da tatsächlich eine Harmonie besteht zwischen beruflichem Werdegang, Engagement und dem privaten Ausgleich. Da hab ich es ja leicht wie gesagt, aus eigener Erfahrung einerseits und da ich auch die Hebel habe, darüber zu informieren, tue ich das auch.

Frage 15: Welchen Nuten können ein Betroffener und ein Unternehmen Ihrer Meinung nach aus einem Burnout ziehen?

Nutzen ist so ein bisschen relativ, letztendlich anders mit Situationen und mit sich umzugehen. Dinge, und das ist das Kardinalthema, möglichst nicht persönlich zu nehmen, um dann eben nicht gleich wieder feinfühlig, gereizt usw. zu reagieren. Was das Unternehmen anbelangt, naja das ist zweischneidig. Zum einen, ich sag mal vielleicht ausgeglichenere Mitarbeiter zu haben, andererseits vielleicht negativ, auch Leute zu haben, die sagen, das Engagement begrenze ich. Ich bin nicht mehr bereit, Tag und Nacht und 80 Stunden die Woche. Was natürlich heißt vielleicht weniger Arbeitsleistung, was wiederum vielleicht für das Unternehmen heißt, dass sie jemand zusätzlich einstellen müssen

Frage 1: Welche Faktoren führen dazu, dass jemand an einem Burnout erkrankt?

Also im privaten Umfeld kommt es sehr auf die Familie drauf an, der Familienbereich. Es spielt auch viel die Kindheit eine Rolle, welche Verhaltensmuster ich vielleicht kopiert habe von den Eltern oder wie habe ich gelernt mit Stressfaktoren umzugehen. Ein Kind lernt durch Abschauen, wenn ich sehe, die Eltern gehen da ganz souverän und gelassen mit Stresssituationen um, dann lerne ich das auch so. Und wenn ich sehe, dass bei jeder Schwierigkeit die Mutter ausflippt und versucht, sich umzubringen oder so, dann lernt das Kind das gleiche und später in Stresssituationen sich genauso verhält. Die ganzen Verhaltensmuster, die Glaubenssätze, die man sich dann aneignet. Man weiß es selber, wenn man hört von den Eltern, „erst die Arbeit, dann das Vergnügen!" oder naja „sitz nicht faul rum, Du bist faul!", das ist dann so der Part, wo sich die Leute gar nicht mehr trauen, sich für sich Zeit zu nehmen und sich hinzusetzen und sich zu entspannen, weil sie immer im Kopf haben, ich bin jetzt faul. Und da gibt es zahlreiche Glaubenssätze. Also das ist mal so der Familienbereich. Und auch dann später im Leben, wenn man Familie hat, Kinder, Partner, das kann eine Ruheoase oder eine Auftankstation sein, aber es kann auch stressvoll sein, je nachdem wie auch die Beziehung in einer Partnerschaft ist. Hierbei ist es gar nicht so relevant aus welcher Schicht man kommt, da spielt hauptsächlich die eigen Person die Rolle, wie habe ich es gelernt, wie bin ich aufgewachsen, wie habe ich es gelernt.

Frage 2: Welche Rolle spielt die berufliche Tätigkeit in Relation zu privaten Stressoren bei der Entstehung eines Burnouts?

Ich denke mal der Arbeitgeber hat die Aufgabe erst einmal zu erkennen, offen zu sprechen mit dem Arbeitnehmer und die Ursache herausfinden, warum das für den einen stressvoll ist und für den anderen nicht. Das ist ja diese Resilienz, die jede einzelne Person hat und da sind wir wieder beim einzelnen Menschen. Ich sage, es kann nicht immer der Arbeitgeber schuld sein, wenn jemand ins Burnout gelangt, es ist die Person an sich selber. Aber ich kann als Arbeitgeber sensibilisiert werden, den drauf anzusprechen und dem sofort Hilfe anbieten, um für sich da eben eine Strategie entwickeln zu können, weil viele erkennen es selber ja gar nicht, dass sie in dieser Phase sind. Das sehe ich so als Fürsorgepflicht vom Arbeitgeber. Ok, es gibt einen stressvollen Führungsstil, aber da kommt es auch wieder auf die Person drauf an, wie empfinde ich diesen Führungsstil, wie gehe ich selber damit um und wir kommen immer wieder auf die Einzelperson zurück, die so zu lernen oder schulen, mit so Situationen sinnvoll umzugehen, weil viel Arbeit hat noch keinem geschadet, früher mussten die Leute auch viel arbeiten. Die waren halt mehr an der Natur, haben viel Sauerstoff gehabt, das hat es vielleicht ein bisschen relativiert, aber auch wenn in der Arbeit Stresssituationen kommen, kann ich das gut wegstecken, wenn ich in anderen Bereichen meine Ressourcen habe. Z.B. gibt es das Energiefassmodell von Prof. Stark, also Energiefass, ich hab ein Fass mit vier Kammern, die eine Kammer ist die Arbeit, die andere ist Gesundheit, die dritte ist Familie, die vierte ist soziale Kontakte. Wenn ich jetzt, in diesen Kammern sind aber die Wände durchlässig, oben kommt Energie rein, unten geht Energie raus. Das ist ein ganz normaler Kreislauf. Wenn ich jetzt in soziale Kontakte, Gesundheit, Familie gut gefüllt bin und dann kommt in der Arbeit eine Belastung dazu, dann kann ich das kompensieren mit den anderen Kammern. Aber hat er gerade eine Scheidung hinter sich, einen Ortswechsel, also keine sozialen Kontakte, ist er etwas kränklich und dann kommt in der Arbeit noch was dazu, dann hat er nichts mehr zum Kompensieren und dann fällt er zusammen. So erkläre ich es den Leuten immer, dass ich immer alle Bereiche für sich Energie tanken muss, nicht nur in einem Bereich. Das ist ja dann meistens auch plausibel.

Frage 3: Welche Faktoren im Arbeitskontext tragen zur Entstehung eines Burnouts bei?

Ja, also ich denke der Führungsstil ist ganz wichtig. Dann natürlich auch der Arbeitsplatztypus, das Umfeld. Arbeitsplatztypus und da muss ich sagen, z.B. vom strukturellen her ist es für Menschen ist es für den Menschen stressvoller, wenn ich neben einer Eisenbahn arbeite oder wenn ich unter schlechten Lichtverhältnissen arbeite. Das spielt genauso eine Rolle. Was zum Führungsstil natürlich gehört, Feedbackgesprächen mit den Mitarbeitern find ich immer so wichtig oder auch Möglichkeiten, sich weiter entwickeln zu können, Angebote, wie kann ich mich weiter entwickeln. Eine Wertschätzung und auch mal Anerkennung zu zeigen. Oft braucht es da nicht viel, das muss nicht immer mit Geld sein. Also einfach die Anerkennung, dass er was gut gemacht hat. Aber das ist in Deutschland generell ein Problem, ich hab zu meinem Vertriebsleiter immer gesagt, wenn etwas gut gelaufen ist, dann sag ich immer, jetzt hättest Du mich schon mal loben können!. Dann sagt er, Du weißt, nichts gesagt, ist gelobt genug. Das sind halt so diese Aussagen, da muss ich immer schmunzeln, aber für manche Leute ist es halt wichtig, um die Wertschätzung zu zeigen. Und da kommt man wieder auf die Kindheit zurück, warum ist es für einen wichtig, warum ist es für einen nicht wichtig. Wenn der daheim nie erfahren hat an Anerkennung und Wertschätzung, dann ringt der danach und dann kommt er dann auch schneller in die Stressoren und ins Burnout und sein Selbstwert sinkt dann dadurch. Das gehört immer zusammen. Dass man ernst genommen wird, dann hat man auch nicht so die Scheu, dass wenn mal etwas falsch gelaufen ist, dass auch mal zuzugeben, weil man die Angst nicht hat. Viele haben ja im Berufsleben Angst und das kommt ja auch noch dazu, was im beruflichen Umfeld ist, ist diese Existenzangst, ja gerade, wenn sie befristete Arbeitsverträge haben. Das ist ein riesen Stressfaktor für viele Leute die Existenzangst. Nicht zu wissen, habe ich nächstes Jahr noch einen Job oder nicht. Wenn ich jetzt eine Führungskraft hab, die im Urlaub noch über Blackberry erreichbar ist oder auch nachts um elf noch erreichbar ist, dann denke ich mir, ich muss das auch und das ist dann Stress. Also dieses Vorleben, eine Führungskraft ist da wie ein Elternteil, der Mitarbeiter schaut sich den Stil von der Führungskraft ab und sieht sich dann gezwungen, ebenso zu arbeiten. Wenn ich eine perfektionistische Führungskraft habe, die 1000 prozentig ist, dann ist das nie gut genug, was ich selber mache und komme dann in Stress. Da muss auch jeder an sich selbst arbeiten, das kann der Arbeitgeber nicht machen. Er kann nur so Zeitmanagementseminare oder solche Dinge anbieten, damit er es lernt, auch achtsam mit sich selber auch umzugehen und mit den Kommunikationsmitteln auch sinnvoll umzugehen, weil um das geht es nämlich. Es gibt einige Firmen, die machen einen E-Mail freien Tag und die Mitarbeiter laufen, und die dürfen sie auch nicht aufsammeln für den nächsten Tag, also die müssen dann von Stockwerk zu Stockwerk laufen und das direkt kommunizieren. Ich weiß bei Audi haben sie den Managern um 18 Uhr abends das Blackberry abgeschalten, dass die keine Chance mehr hatten, E-Mails abzurufen. Ja, die haben es aber nach ein paar Monaten wieder geöffnet, weil die Leute mehr in Stress gekommen sind, weil sie nicht mehr auf die E-Mails zugreifen konnten. Also auch da hat es sich gezeigt, es ist jeder für sich selber verantwortlich, die Firma kann das nicht alles regeln.

Frage 4: Welche gesellschaftlichen Entwicklungen tragen zur Zunahme an Burnouterkrankungen bei?

Immer dieses höher, schneller, weiter. Immer besser sein als die anderen, Das ist immer die große Gefahr, sich messen zu wollen an dem anderen oder naja, es gibt ja gewisse Gebiete, wenn der Nachbar ein neues Auto hat, dann muss ich das auch haben. Aber da kommt es wirklich auch wieder auf die Person drauf an, wie ich das bewerte. Es ist natürlich schon, gut in der Gesellschaft auch, wenn ich jetzt die Jugend anschaue, wenn die nicht in Facebook sind, dann sind die out. Ja also die müssen quasi schon, aber auch da kann ich den Jugendlichen lernen, sinnvoll damit umzugehen. Man muss irgendwo gewisse Sachen, was so geboten wird, sind ja alle toll, aber ich kann lernen auch als Elternteil lernen, sinnvoll damit umzugehen, achtsam damit umzugehen, so wie es für mich passt und auch eine gewisse Balance herzukriegen. Ich hab mir schon überlegt, früher gab es ja immer diese autofreien Sonntage, ob es nicht mal so einen handy- oder medienfreien Tag gibt, dass die Leute sich wieder mit sich beschäftigen. Ja oder mal mit der Familie was anderes machen. Also da kommt schon viel Druck von außen denke ich, um mitschwimmend dabei zu sein. Das ist so der Hauptpunkt. Um wirklich, ja in der Gesellschaft mitschwimmen zu können.

Frage 5: Inwiefern ändert sich das Arbeitsverhalten von Betroffenen im Krankheitsverlauf?

Viele Faktoren sind jetzt z.B. wenn jemand unerklärliche Überstunden macht, aber trotzdem sein Pensum nicht mehr schafft. Oder wenn er plötzlich bei Kleinigkeiten aggressiv wird, obwohl er vorher nie so der aggressive Mensch war. Oder er wird unpünktlich, vorher war er die Pünktlichkeit in Person. Das sind so Verhaltensstrukturen, wo man merkt, oder was ganz groß in Unternehmen ist, was nicht gesehen wird, dass das ein Burnoutsymptom ist, diese Suchtgefahr. Ja, also plötzlich, in Unternehmen gibt es ja sehr viele Suchtkranke, Alkoholiker, da nicht wegzuschauen, das können auch Phasen in einem Burnout sein, diese vermehrte Suchtgefahr.

Frage 6: Wie sehen Sie den Zusammenhang zwischen Burnout und Depression?

Burnout führt in eine Depression, wenn er nicht vorher einen Herzinfarkt oder einen Schlaganfall kriegt. Ich kannte mal eine Spruch: „Geh Du voran! Sagt die Seele zum Körper, auf mich hört er nicht, Ist in Ordnung sagt der Körper, ich werde krank werden, dann hat er Zeit für Dich!". Es ist halt so die Gefahr, viele erkennen diese Frühsignale nicht, z.B. hört man oft so Aussagen: „Ich weiß nicht, mich hustet jemand an, dann bin ich krank!". Oder wenn man so einen Krankheitsverlauf anschaut, allein mit Infektkrankheiten, das Immunsystem geht ja runter, die so alle Monate für drei Tage krank sind. Das ist schon ein Signal, weil der Körper erholt sich in den drei Tagen kurzfristig, dann schafft er es wieder einen Monat, dann wird er wieder krank, weil er es nicht mehr schafft. Das sind alles so Frühwarnzeichen und viele Körpersignale, die übergangen werden. Oder diese dauernden Rückenschmerzen, Muskel- und Skeletterkrankungen sind an erster Stelle von AU-Tagen und man hat festgestellt, 95 Prozent davon ist psychosomatisch. Also durch den Druck, durch das Sitzen, die Muskulatur ist ja immer angespannt und dann durch Dauerschmerz schütte ich wieder Stresshormone aus, das ist ja so ein Kreislauf und so kommt er immer tiefer in das Ganze. Das sollten für Arbeitgeber Warnsignale sein, wenn der Arbeitnehmer immer so in regelmäßigen Stücken immer wieder ein paar Tage krank ist. Das sind nicht unbedingt Blaumacher, das sind Leute, die sich ganz kurz erholen und dann wieder weiter machen.

Frage 7: Inwiefern kann ein Arbeitgeber eine Burnouterkrankung von vorübergehendem Stress unterscheiden?

Das ist ganz schwierig, das kann nur ein Psychologe dann, aber wenn man so Frühwarnzeichen nimmt, da ist er ja noch nicht unbedingt in einer Depression drin. Das ist er nur, wenn er in der kompletten Erschöpfung ist. Soweit soll es ja erst gar nicht kommen. Ich hab einmal von einem Psychologen gehört, fragen Sie mal einen Burnouterkrankten, was würde er tun, wenn er plötzlich viel Zeit hätte und im Lotto gewinnen würde. Der wüsste 1000 Sachen, die er machen würde. Ein richtig krankhaft Depressiver, manische Depression oder so, der wüsste auch da nicht, was er machen will. Aber das kann man nicht generell als Differenzierung sehen. Aber nur so vom Verständnis her, ein Burnout, der in Depression gekommen ist, der befindet sich in einer Aufwärtsspirale, weil der kämpft immer dagegen an, krank zu sein. Ein richtig krankhaft Depressiver ist in der Abwärtsspirale, der ist immer mehr in sich selbst gefangen und sieht keinen Sinn mehr und gar nichts mehr und kommt da immer tiefer in die Depression rein. Also das sind auch so Faktoren, vom Verhalten her ein bisschen verändert ist. Aus dem Grund ist es bei Burnout kontraproduktiv Antidepressiva zu verschreiben, und ich sag immer, manchmal ist es gut für eine kurze Zeit, den Gehirnstoffwechsel mit Antidepressiva anzuregen, aber dann auch wieder sein zu lassen. Mit dem kognitiv zu arbeiten und

Ruhe zu geben und in der Klinik und danach weiter arbeiten. Das ist effektiver als mit den ständigen Tabletten voll zu pumpen.

Frage 8: Woran kann man selbst feststellen, dass man sich auf dem Weg ins Burnout befindet?

Ich weiß nicht, ob man das selber merken kann. Also ich hab das nicht gemerkt. Jetzt im Nachhinein gab es schon Anzeichen, aber damals habe ich das nicht gesehen. Bei mir war es zwei Jahre lang so, dass ich jeden Monat drei Tage wegen Grippe krank war. Das hat sich zwei Jahre hingezogen, dass sich mein Körper immer wieder versucht hat zu erholen. Dann habe ich einen Herzinfarkt gehabt im Joggen, war beim Arzt, organisch nichts festgestellt worden und dann habe ich weitergemacht. Ja, und dann drei Monate später liege ich im Bett und kann nicht mehr aufstehen, ich war am ganzen Körper gelähmt, das war dann der Schluss, der richtige Schluss vom Bug ?, wo ich dann gesagt habe, so irgendetwas stimmt nicht und wenn ich die Unterlagen vom Präventologenstudium zum Thema Stress/Burnout nicht gerade zu dem Zeitpunkt gekriegt hätte, hätte ich es noch nicht geglaubt, dass ich so weit bin. Ja, weil ich hab immer gesagt ich bin gesund, ich hab immer arbeiten können, ich bin immer ja, und da hab ich gemerkt, es stimmt was nicht und dann bin ich zum Arzt und habe ihn gefragt, ob er sich mit Burnout beschäftigt und er ja, wieso haben Sie eine Freundin. Und ich, nein für mich selber, und er sagte: Sie doch nicht, Sie sind doch so was von aktiv und positiv und kann Ihnen nicht passieren, also hab ich auch gedacht. Dann bin ich beim Arzt und brech zam, also und dann hat der sofort mich rausgenommen, sofort in die Klinik und dann hab ich erfahren, ich war in der letzten Stufe, schon richtig in der Depression mitten drin in dieser Erschöpfungsdepression. Ich hab zwar gedanklich jetzt keine Suizidgedanken gehabt oder so, was sehr viele Depressive haben, aber ich hab keinen Sinn mehr gesehen. Warum soll ich denn das alles noch machen? Also das war der Hauptpunkt und dann sechs Wochen Klinik und nach drei Monaten hab ich einen Rückfall gehabt und bin wieder arbeiten gegangen und drum, hätte ich nicht das alles gelernt, würde ich nicht da sitzen wo ich jetzt bin. Weil es auf dem Markt, die Psychotherapeuten keine Zeit haben oder ich war auch in psychotherapeutischer Behandlung, die nur in der Vergangenheit rumkramen, was einen Burnoutbetroffenen noch tiefer reinreitet, weil er denkt, was hab ich denn für ein scheiß Leben gehabt. Also ich finds gut, dass aufzuarbeiten, aber man muss den anderen erst stärken, damit er das auch verarbeiten kann. Die Therapeuten sind gnadenlos überfordert, z.T. fünf Monate Wartezeit. Also das so viel zum erkennen. Wenn jemand in einem Burnout reinrasselt und in den Phasen ist und irgendwann seine Grenzen überschreitet und für sich selber keine Tankstellen mehr hat, wo er auftanken kann, dann merkt er es nicht mehr, dann muss er zum Arzt, dann muss ihm geholfen werden. Das ist meistens so ab Burnoutstufe vier. Da gibt es ja unterschiedliche Modelle, die einen sagen es gibt zwölf Phasen, die anderen zehn Phasen. Ich hab immer das Modell mit den zwölf Phasen so gern, wo die ersten drei Phasen ist der Enthusiasmus, das ist man kann alles und macht das und Freude, dann kommt die Stagnation, wo er merkt, wo er stehen bleibt, es geht nicht mehr weiter bis zu den nächsten drei Phasen, bis zur sechsten und dann kommt die Frustration, weil er merkt das viele Arbeiten und das, was er alles macht, bringt nichts, das bringt ihn nicht weiter und dann kommt die Apathie, wo es dann zum Schluss schon die letzten drei Phasen Richtung Suizidgedanken geht. Also richtig in die Erschöpfung, keinen Sinn und gar nichts mehr sieht. Das finde ich immer so toll von der Abgrenzung, wo man sieht, so grob abgrenzen kann.

Frage 9: Welchen Nutzen haben Sie aus Ihrem Burnout gezogen?

Also ich sehe darin den Nutzen vielleicht neue Wege zu gehen, neue Werte zu ermitteln, andere Sichtweisen zu kriegen und auch die Chance, sein Leben zu verändern, um auch wieder mehr Lebensqualität und Lebensfreude zu haben, weil die ist durchs viele Arbeiten verloren gegangen. Man hat die schönen Dinge nicht mehr gesehen, man hat zwar Urlaube gemacht, aber man hat es nicht mehr genießen können. Und man lernt sich selber, weil das schiebt immer jeder von sich weg, sich mit sich selber auseinanderzusetzen, ja das ist immer die schwierigste Variante. Drum sagen auch viele, die Arbeit ist schuld, weil es die einfachste Art ist, wenn jemand anders schuld ist. Aber sich selbst anzuschauen, wie sind denn meine Verhaltensweisen, warum ist es so gekommen und sich mit sich selbst intensiv auseinander-zusetzen, das öffnet unheimlich viele Chancen für einen selber, um wieder Lebensqualität zu haben und auch vielleicht mal wieder was ganz anderes zu tun. Weil es gibt nichts schlim-meres, wie wenn ich im Sterbebett liege und sage, was habe ich denn eigentlich gemacht. Ja oder am Grabstein steht hier ruht jemand, der morgen glücklich sein wollte. Das sind so Punkte, wo ich sag, wo man sich einfach Gedanken machen kann über sich selber und da auch die schönen Seiten vom Leben wieder auch bewusster zu machen. Also ich kann also aus Erfahrung sagen, bei mir hat es wahrscheinlich über zehn Jahre gedauert, bis ich so weit gekommen bin. Mein Mann und ich wir haben tolle Urlaube gemacht, waren viel weg und er hat sich immer bemüht und ich hab weder Freude noch sonst irgendwas gespürt oder erlebt. Und das ist auch für einen Partner ganz schwierig dann, damit umzugehen.

Ich habe daraus gezogen, auf mich selber, auf eigene Gefühle mehr zu achten, ganz einfach so generell. Ja ich finde die eigene Achtsamkeit ist das A und O. Ich sag es immer nicht so gerne, eigene Achtsamkeit, weil das dann so in eine Esoterik Schiene geschoben wird, ja ich muss achtsam mit mir selber sein, aber die Achtsamkeit so das bewusste Wahrnehmen des Körpers, seinen eigenen Körper bewusst wahrzunehmen, ganz wichtig ist die Eigenliebe. Ich sag immer, weil ich hab ja viele im sozialen Bereich, Krankenschwester, Altenpfleger ,die sagen ich muss doch meinen Leuten helfen, ich muss doch da sein, also ja hab ich gesagt, wenn die nicht auf sich selber achten, dass sie gesund sind, dann können sie nicht mehr lange helfen. Ich muss erst auf mich selber schauen. Beispiel im Flugzeug wenn ich sitz und die Sicherheitsmaßnahme sag, Sauerstoffmaske ja, wem setz ich die Sauerstoffmaske als erstes auf, mir selbst oder dem Kind? Ja mir selbst und dann dem Kind, denn nur wenn ich selbst versorgt bin, kann ich dem anderen helfen.

Frage 10: Welche Rolle spielt die Partnerschaft im Burnout?

Da kommt es auf den Partner an, es gibt ja viel dieses Beziehungsburnout, wo dann Ehen scheitern und dadurch die Leute neue Wege gehen, wo ich aber sag, OK hat vielleicht so kommen müssen. Dann war die Partnerschaft vielleicht nicht so intakt. In meiner Partner-schaft war es dadurch so, wir sind dadurch enger zusammen gewachsen. Ja also er hat mich unglaublich gestützt und ist jetzt einfach glücklich, dass es mir wieder besser geht und dass ich auch wieder Dinge genießen kann. Man muss immer aufpassen, dass wenn man selber sich dann nicht verändert, dass der Partner ebenso ins Burnout gerät durch Verzweif-lung, was kann ich noch tun. Da kommt es auch immer sehr auf die Person drauf an, ich hab einen Mann, der ist sehr hoch resilient sag ich mal, sonst hätte der das nicht stand gehalten. Also der hat da, ja für sich selber sehr hohe Widerstandskraft einfach , um das standhalten zu können . Manche scheitern auch daran. Aber es kann eine Partnerschaft stärken, ja andere scheitern daran. Da kommt es aber immer auf die Person, auf die Persönlichkeit vom Partner drauf an wie er damit umgeht. Oft siehts der eine kommen, wo der ist, aber er selbst sieht das gar nicht mehr. Andersherum ist vielleicht besser, wenn der Mann das sieht bei einer Frau, die Frau ist eher bereit, ein Mann will keine Schwäche zeigen, das ist so dieses Rollenverständnis.

Frage 11: Gibt es Ihrer Meinung nach Geschlechtsunterschiede beim Burnout?

Frauen outen sich schneller oder ändern auch eher was teilweise. Männer, die kommen erst auf einen zu, wenn es ihnen ganz schlecht geht oder anonym. Wenn man jetzt in einer Firma einen Vortrag hält, dann gebe ich immer anonyme Hotline Nummern mit raus, dass die die Chance haben, sich zu melden. Und dann melden sie sich oft bei uns, damit der Arbeitgeber und das Umfeld das nicht mitkriegt. Männer outen sich da ganz ganz wenig. Und die sich outen, wollen in Frührente.

Frage 12: Wie stehen Sie zu der These, dass Burnout zum Teil als Modeerkrankung deklariert wird?

Es gibt schon Trittbrettfahrer oder Beamte, die in Frührente wollen also da gibt es schon auch viele, wenn man sagt, ich kenn auch Mitarbeiter die sagen, ach ich hab jetzt Burnout, ich muss jetzt ein Jahr daheim bleiben. Wo ich sage, das sehe ich nicht als Burnout. Weil wer wirklich erkrankt ist, der outet sich ganz ganz selten oder man kriegt es mit, wenn er komplett zusammen gebrochen ist. Große Gefahr ist immer so Beziehung zu psychosomatischen Erkrankungen, wenn jemand wegen Bandscheibenproblemen immer zuhause ist, dann wird dann auf die Bandscheibe geschaut, findet nichts , kann eigentlich nicht so schmerzen, dann sollte man mal die Psyche anschauen. Die Beschwerden summieren sich oder die plötzlich einen Schlaganfall haben, weil die Gefäße durch Stress halt, wenn die Stresshormone ausgeschüttet werden und unter Dauerstress spannt sich ja nicht nur die Skelettmuskulatur an, sondern auch die Gefäßmuskulatur und dadurch kanns auch mal passieren, dass ich einen Schlaganfall, Herzinfarkt krieg und dann plötzlich organisch nichts sehe, aber Symptome waren da, Tinnitus genauso und ich denke solche Dinge auf diese Signale sollte man achten, auch diese ständigen Magen- Darmerkrankungen, dass man da ganz einfach genauer hinschaut , auch nicht immer alles auf die Psyche schiebt. Das ist nämlich der Umkehrschluss, ja was gern gemacht wird, sondern wirklich erst organisch abklären und dann, wenn nichts gefunden wird, schaut man die Psyche noch mit an. Und da kann man schon sehen, ist es eine Modeerkrankung bei demjenigen oder ist es wirklich so weit.

Frage 1: Worin sehen Sie die wesentlichen Merkmale einer Burnouterkrankung?

Also die wesentlichen Merkmale sind extreme Schlafstörungen, von der Psyche her und von den Nerven her sind Sie recht dünnhäutig, also Sie können sich merklich oder bemerkenswert weniger konzentrieren, Sie schwanken zwischen Heulkrämpfen und Wutanfällen und sind also ja sehr dünnhäutig und die Erschöpfung ist ganz klar im Vordergrund, auch ganz stark ist die Angst an Kontrolle zu verlieren. Also das wäre jetzt für mich dieses, ja und auch diese Dauererschöpfung und dieses ausgebrannt sein wie man es ja als Burnout bezeichnet. Müdigkeit ist ganz markant und man fühlt sich als sei das Leben aus einem ausgelaufen, als wenn man so einen Stöpsel ziehen würde. Man fühlt sich irgendwie komplett erschöpft und das ist auch nicht mehr irgendwie, wie soll ich sagen, zu kontrollieren im Sinne von jetzt schlaf ich mal ein paar Stunden mehr und es ist alles wieder gut, sondern diese Müdigkeit können Sie durch keinen Schlaf mehr bewältigen. Also immer dieses erschöpft sein und im Prinzip, ich sag mal je höher jetzt auch eine körperliche Belastung ist, ich sag jetzt mal wenn Sie jetzt Sport treiben wollen würden, das wäre überhaupt nicht mehr möglich, weil Sie die Energie gar nicht mehr haben. Und jeder Schritt, den Sie tun ist wie Dauerlauf. Das ist die totale Erschöpfung, man muss sich das so vorstellen, dass Sie nach Hause kommen, und wenn man noch im Arbeitsprozess steht, dass Ihnen das schon sehr viel Kraft nimmt und zuhause da bildet sich so ein Kanal, wie so durch einen Schlüssel durch den sie gucken können und außen drum herum sehen Sie nicht mehr viel. Und so verhalten Sie sich dann auch, dass Sie sehr wie so eine Schnecke im Schneckenhaus sich komplett abschotten und Ihnen sind auch menschliche Kontakte zu viel, d.h. Sie können es weder ertragen, wenn Menschen reden um Sie noch, dass Sie in der Lage sind, ans Telefon zu gehen und selbst, wenn der Postbote an der Tür klingelt, das kann Ihnen schon den letzten Nerv kosten. Das sind auch Faktoren, die sich aus mehreren Dingen zusammensetzen oder Burnout setzt sich ja aus mehreren Dingen zusammen. Es ist nicht nur eins und es passiert ja auch nicht plötzlich. Das ist ein Entwicklungsprozess.

Frage 2: Welche Faktoren führen dazu, dass jemand an einem Burnout erkrankt?

Also so rückblickend würde ich betrachten, dass es schon eine bestimmte, also Art ist jetzt komisch gesagt, aber ich sag mal ein bestimmter Schlag von Menschen. Ich würde sogar so weit gehen, dass Burnout jetzt nicht jeden treffen muss oder treffen kann, weil ein Mensch muss, wenn er daran erkrankt meiner Meinung nach entsprechend gestrickt sein. Das sind oft Menschen, die alles richtig machen wollen, für die Fehler nicht ein Prozess des Wachsens und Lernens sind, sondern diese Fehler interpretieren sie als Schwäche. Das sind auch Menschen, die nach außen hin immer sehr taff wirken, oft sind es ja Führungspersönlichkeiten auch oder Lehrer, also alles was in so einer Führung betrifft. Ich mein damit jetzt aber nicht nur Führungskräfte in diesem Sinne, sondern von Natur aus angelegte Menschen, die führen und eben auch in ihrer Lebensweise, in einer Partnerschaft dominieren oder im Beruf irgendetwas machen, wo sie wiederum etwas ansagen z.B. Also es sind auch Menschen, die ein ganz extrem ausgeprägtes Verantwortungsgefühl haben, die auch immer bereit sind mehr zu tun als ein anderer. Also ich sag jetzt mal anstatt acht Stunden arbeiten die eben 14 Stunden und sie sind Menschen, die man sehr stark über Schuld gewinnen kann. Also ich sag jetzt mal auf der psychischen Ebene ist das so, dass wenn man denen ein schlechtes Gewissen macht, dann machen sie noch mehr. Also d.h., was denen komplett fehlt ist die natürliche Grenzsetzung und das merkt man dann eben auch im Beruf, dass man keine Grenzen setzen kann. Das ist dann im Prinzip so, dass man ohne Ende arbeitet und es ist auch privat so, dass sie keine Grenzen setzen können und es ist auch für sich selber so, dass der Mensch sich selbst nicht gelernt hat, Grenzen zu setzen. Und somit ist er grenzenlos und für alles und jeden erreichbar und das ist das Gefährliche daran sag ich jetzt mal. Und ich glaube, dass das eine bestimmte Menschenart ist, die einfach sich im Prinzip darüber auch nährt, dass Anerkennung von außen total wichtig ist. Also sie sind nicht in der Lage, sich diese Anerkennung selber zu geben und die Wertschätzung, sondern sie suchen sie sich im Außen und wenn das Außen dann nicht so will wie sie sich das erhoffen, dann meinen sie eben, je mehr sie leisten und wenn sie noch mehr leisten, dann würden sie auch noch mehr Anerkennung haben. Also so ist meine Erfahrung. Ich mein, wenn das jetzt Menschen sind, die psychisch etwas sensibler oder auch labiler sind, dann lassen die sich natürlich auch schnell über Schuld irgendwie bekommen und ich sag jetzt mal, dieses Manipulieren, was ja auch viele einfach machen, ist dieser Mensch, der daran erkrankt letztendlich, ist dafür sehr empfänglich, um quasi das wieder gut zu machen und guck doch mal, oder lässt sich auf dieses eine Problem, dass er sich selber also selbst gar nicht wertschätzt in irgendeiner Form und dass man im Prinzip dann rödelt, dass der andere denkt, ach das ist aber eine Tolle. Nur weil man sich das selber nicht sagen kann und durch diese ganz schräge Ableitung von Abhängigkeit in irgendeiner Form.

Frage 3: Welche Faktoren im Arbeitskontext tragen zur Entstehung eines Burnouts bei?

Also natürlich in der heutigen Zeit würde ich mal sagen, das ist schon seit ein paar Jahren so, also früher hat man ganz abgegrenzte Arbeitsbereiche gehabt und die hat man dann eben gemacht. Und heute ist es ja so, dass nicht nur ein Arbeitsbereich, sondern da werden drei, vier auf einen irgendwie abgestellt, die man erledigen soll. Und wenn jetzt so ein Mensch, wenn man davon ausgeht, dass der sehr perfektionistisch ist, der sich nicht abgrenzen kann, der sagt ja ok mach ich und will natürlich dann alle Bereiche perfekt abstellen und ein perfektes Ergebnis liefern, dann ist das zwangsläufig so, dass der in so eine Mühle reingerät. Dann sicherlich auch, es ist ja so, dass so ein Mensch nach außen hin immer sehr kraftvoll wirkt, ich bin ja jetzt nicht die einzige Burnouterkrankte, das ist so ein Klassiker sag ich jetzt mal, so wie bei Menschen, die Bulimiker sind, da ist es ähnlich gelagert, dass es Menschen sind, die nach außen wirken als seien sie im Leben stehend und strotzen vor Kraft und meistens auch sehr attraktive Menschen, wo man überhaupt nicht denken könnte, dass die in so eine Situation geraten. Und so ist es bei Burnout auch, nach außen hin wirkt man doch sehr gefestigt so wie der Fels in der Brandung, dass man jetzt nicht nur im Arbeitsquartett sich so mit dieser Arbeit perfektionistisch ist, sondern man ist auch oft Ansprechpartner für Kollegen. Und auch da möchte man der perfekte Ansprechpartner sein, eine perfekte Antwort liefern, perfekt irgendwie unterstützen, wobei es auch oft so ist, weil man sich nicht abgrenzen kann, dass man dann ausgenutzt wird und ganz gerne die Arbeit von anderen mitmacht. Dass man es von den Personen nicht erwarten würde, ist gerade das Gefährliche für einen selber auch, sich einzugestehen, dass alles abfällt, also das ist sehr sehr schmerzhaft und ich glaube auch in der letzten Konsequenz der Grund dafür, warum die meisten leider heute immer noch sich keine professionelle Hilfe holen. Die denken, ach das krieg ich schon wieder hin oder das krieg ich alles schon selber in Griff, ach das wäre ja lächerlich, warum sollte ich mir den Hilfe holen, weil Hilfe holen ist für diese Art gestrickter Mensch eine totale Schwäche. Und auch ist es leider so, ich denke man könnte präventiv bevor es so weit kommt, dass man komplett abbrennt, sehr wohl was tun, aber es ist auch leider immer noch so, auch wenn es jetzt viele Bachelorarbeiten gibt und Öffentlichkeitsarbeit, Sportler, denen es passiert ist usw. trotzdem ist es im alltäglichen Leben für die 08/15 Person, für ganz normale Menschen, sehr tabuisiert. Also man darf da nicht drüber reden, ich hab das auch erlebt, ich war stationär in der Klinik, um mich behandeln zu lassen, dabei habe ich Frauen erlebt, die gesagt haben, also sie haben ihrem Nachbarn erzählt, sie seien also nur kurz im Urlaub. Das waren auch sehr erfolgreiche Frauen, sie hat das aber nicht über die Lippen gebracht. Entweder man macht es einfach nicht wirklich zum Thema oder auch in den Schulen geht's ja schon los, im Kindergarten, bei den Auszubildenden und und und. Es heißt zwar immer Burnout, ja ausgebrannt, aber es gibt auch viele Leute, die sagen, was ist das denn für ein Quatsch oder solche Vorurteile, wie ja was hast Du denn eigentlich, was stellst Du dich denn so an. Früher im Krieg, da haben die Mütter das alles selber aufgebaut und hatten fünf Kinder. Also diese Vorurteile führen dazu, dass man ganz schnell zum Psychofall abgestempelt wird und deshalb kommt dann niemand wirklich mit der Sprache raus, weil letztendlich das Vertrauen nicht da ist, dass das Gegenüber das als solches annimmt, sondern man ist eben dann so ein Jammerlappen, nach dem Motto jammer nicht, sondern arbeite, andere haben auch was zu tun. Also dieser Vergleich auch immer mit anderen, andere haben doch noch mehr oder was hast Du denn?, die haben doch auch was zu tun. Das wird alles so nieder gemacht, so dass natürlich dann auch der Mut fehlt letztendlich etwas zu tun und die Umwelt, von der man ja so abhängig ist was die Anerkennung betrifft, so reagiert, dann ist das auch für einen selber weniger bis gar nicht möglich, sich zu sagen, Ok, ich muss da was tun, weil das gesteht man sich ja nicht ein, also man darf nicht daran erkrankt sein. Ich denk, dass Burnout schon immer bestanden hat, auch früher schon nur man hat es halt nicht mit dem Namen genannt. Oder wenn ich jetzt mal unsere Großeltern anschaue, die haben ja eben über so was gar nicht gesprochen, die haben natürlich auch das gar nicht in Worte kleiden können und in einer Generation, in der noch mal andere Regeln gegolten haben. Aber man darf ja auch nicht vergessen, dass Burnout ja letztlich sehr ähnlich ist, ein Vorstadium von einer Depression. Das letzte Stadium einer Burnouter-krankung ist die Depression und wir haben ja viele viele Depressive auch in Deutschland und da hat man eben dieses Vorstadium von Burnout oder was man davor hat, bevor man dann komplett in die Depression verfällt, wahrscheinlich gar nicht wahrgenommen. Durch die Studien und durch die Untersuchung hat sich halt gezeigt, nach dem Motto wie kommt man zu einer Depression hat man das eben aufgeschlüsselt. Und insofern ist da ganz klar, dass sie eben auch eine Depression ist. Also für mich ist das nicht wirklich zu unterscheiden oder sagen wir mal zu trennen. Also es ist schon ein Unterschied da, aber man kann es nicht voneinander trennen. Und insofern glaub ich auch, dass mit Sicherheit auch eine Genbelas-tung mit eine Rolle spielen könnte. Wenn die Eltern oder die Mutter oder, keine Ahnung, der Vater das schon hatten, dann glaub ich, dass man auch vorbelastet ist, was nicht heißt, dass man es auch gleich kriegen muss, aber die Vorbelastung ist mit Sicherheit auch da.

Frage 4: Gibt es Ihrer Meinung nach Mitarbeiter, die besonders gefährdet sind, an einem Burnout zu erkranken?

Genau, das sind also die, die ein sehr leistungsorientiertes Denken haben, die perfektionis-tisch sind, die alles richtig machen möchten, für die Fehler etwas sind, was irgendwie gar nicht geht. Die letztlich auch ihre Anerkennung über den Arbeitgeber zeigen, die im Prinzip das auch brauchen, dass der immer sagt, das haben Sie aber toll gemacht!, weil sie sich das selbst nicht geben können. Also das ist das Klassische.

Frage 5: Inwiefern ändert sich das Arbeitsverhalten von Betroffenen im Krankheitsver-lauf?

Also da kann ich ja nur aus meiner eigenen Erfahrung sprechen. Als es bei mir angefangen hat, also es ist so, sie merken das ganz deutlich, wenn sie sich nicht mehr so gut konzentrie-ren können. Sie können also nicht lange sich konzentrieren und die Intervalle, dass sie das noch können, werden immer kürzer. Bei mir war es sogar so, dass ich so richtig wie Black Out hatte, also ich konnte die einfachsten Dinge nicht mehr verstehen. Und ich war Ge-schäftsführungsassistentin, ich hatte schon viel Verantwortung gehabt und den Job, den ich dann später gemacht hab, das war ein relativ einfacher Job im Prinzip. Ich bin ja nachher aus dieser Geschäftsführungsassistenz raus aufgrund dieser Erkrankung, weil da hat es angefangen und hab dann später ,bevor ich in die Klinik kam, noch einen ganz anderen Job gemacht, der im Prinzip so vom Wissenslevel ganz anders war. Also wesentlicher einfacher, aber ich habe das nicht mehr verstanden. Also ich saß da vorne und dachte mir, das kann doch nicht sein, dass ich die einfachsten Zusammenhänge nicht mehr verstanden habe. Und dann hab ich auch die totale Kontrolle über mein Verhalten verloren. Also ich war so erschüt-tert darüber, dass ich eins und eins nicht mehr zusammenzählen konnte und dann hatte ich eine Kollegin, die mich da auch noch fertig machte und sagte, wie doof bist denn Du? Warum muss man Dir das denn so oft und so lange erklären? Kann doch nicht sein, dass die anderen das schon längst verstanden haben und ich dann da saß und nur noch geheult hab. Ich hab im Prinzip komplett die Fassung verloren, ja und letztendlich dann auch durch die ewige Müdigkeit und dieses ewige, ja man hat dann dieses Einsamkeitsgefühl, da ja das Gefühl entsteht, dass man sich mit keinem unterhalten kann. Ich hab das dann dem Arbeitgeber damals gesagt, er hat mich dann daraufhin gekündigt. Dieser Arbeitgeber, wo ich dann eben diesen Kontrollverlust hatte, wo die Arbeit relativ einfach war, dem hab ich das gesagt, dass ich glaube, dass ich das hab und dann sagte er Auf Wiedersehen. Da fühlte ich mich dann bestätigt, dass diese Intoleranz da ist. Andererseits muss man natürlich auch sagen, dass es ein kleines Unternehmen war, das ist etwas anderes, ob ein kleines Unternehmen sie hält oder ein großes. Weil ein kleines kann sich das auch gar nicht leisten, die sind ja angewiesen auf jeden Mann, auf jeden Mensch, der da arbeitet. Wenn das jetzt ein großes Unternehmen ist, das kann das nochmal anders abpuffern und wirft sie auch nicht gleich raus. Aber in dem Fall war es halt so, dass ich da relativ schnell wieder draußen gewesen bin. Diese Sicht habe ich aber auch nur in der Rückschau, damals war es für mich unerträglich und ich bin damals in ein ganz großes Loch gefallen. In der Rückschau betrachtet bin ich dem da gar nicht böse drüber, weil ich schon auch Verständnis dafür hab, dass sich so ein kleines Unternehmen das einfach nicht leisten kann, weil das bedeutet ja im schlimmsten Fall, dass sie 72 Monate quasi draußen sind, wenn sie jetzt sagen eineinhalb Jahre in der Klinik oder so, das muss der ja auffangen, wer soll denn das machen. Dann müsste er ja wieder jemanden einstellen, der das in der Zwischenzeit macht und das sind ja auch zusätzliche Kosten usw. Also nachvollziehen kann ich es schon, aber damals war es natürlich ziemlich hart, das stimmt schon.

Frage 6: Woran können Ihrer Meinung nach Führungskräfte erkennen, wenn es jemandem psychisch nicht gut geht?

Das kann man schon merken. Im früheren Stadium fängt es ja an, dass sie sich ziemlich oft, also immer öfter, in gereizter Stimmung befinden. Und zudem, dass die einfach nicht mehr belastbar sind. Also das geht relativ früh los, dass der Mitarbeiter, also er fühlt sich ganz schnell überfordert und man neigt auch dann dazu, aus einer Mücke einen Elefanten zu machen, also man macht immer gleich so eine Blase, also wenn man jetzt so einen Vergleich zieht, es gibt Leute, die machen die gleiche Arbeit und derjenige, der betroffen ist, hat im Anfangsstadium grundsätzlich das Gefühl, er ist derjenige, der alles machen muss und er macht sowieso das meiste und er ist immer überfordert, dabei ist die Arbeit, die aller hier machen, die gleiche. Nur der Betroffene hat eine, d.h. die Wahrnehmung ändert sich von dem und was auch ein ganz starkes Merkmal ist, also alles wird ziemlich schnell negiert. Der Bereich wird negiert, der Chef wird negiert, also alles ist irgendwie vollkommen daneben und hat ja eh alles keinen Sinn und was sind denn das für Schwachmaten also man ist da sehr negativ und fühlt sich überfordert. Man fühlt sich im Vergleich zu anderen gar nicht wahrgenommen so nach dem Motto, es werden immer nur die anderen gesehen, ich nicht. Also man ist so in diesem lamentierenden, jammernden, ja in so einer kindlichen Haltung. Also die ist am Anfang so und egal was man tut, man ist grundsätzlich überfordert.

Frage 7: Inwiefern kann ein Arbeitgeber eine Burnouterkrankung von vorübergehendem Stress unterscheiden?

Also ich denke, dass so etwas nur im Zusammenhang mit einem Gespräch passieren kann. Also ich habs bis heute nicht erlebt, dass sich da irgendjemand mal unterhalten hätte. Auch bei anderen Personen, nicht dass da jemand ganz offen spricht. Oder einfach das auch mal offen anspricht, sicherlich ist das für Betroffene auch nicht so einfach. Ich weiß auch nicht, ob der Arbeitgeber das dann selber machen sollte oder besser vielleicht so ein Mediator oder Mentor oder einen Psychologen. Viele Firmen haben ja auch so was schon oder jemand, der im Bereich Human Resources zu tun hat z.B. in der Personalabteilung, wo jemand, der eine entsprechende Ausbildung hat, weil es ist ja nicht so, dass der Arbeitnehmer gleich sagen würde, ja ja klar so ist es, weil er natürlich Angst hat, seinen Platz zu verlieren. Also da müsste dann schon jemand hin, der im Prinzip fachtechnisch sich auch da auskennt und sich einfühlen kann. Aber so etwas wird nur über ein Gespräch gehen, denke ich. Und sicherlich auch über Präventivmaßnahmen, die ja manche Firmen auch anbieten, aber nicht alle. Das fehlt meines Erachtens noch sehr sehr stark, dass man da einfach ein paar Angebote macht. Aber ich denke, das geht nur über ein Gespräch.

Frage 8: Wie kann der Arbeitgeber dazu beitragen, die physische und psychische Gesundheit und somit die Leistungsfähigkeit seiner Mitarbeiter zu unterstützen?

Ich würde vielleicht einfach schauen, dass man ihm im Prinzip mehr Angebote macht. Z.B. gibt es ja in vielen Betrieben die Möglichkeit, Betriebssport anzubieten. Oder solche Dinge, das ist ein ganz ganz wichtiger Faktor, denn über Bewegung können sie bestimmte Stresshormone abbauen. Die Bewegung fehlt oft ganz extrem oder, dass man einfach viel mehr Pausen macht, dass man immer mal wieder eine Pause macht, aber immer mit Bewegung. Das können ja durchaus langsame Bewegungen sein, weil bei Burnouterkrankten ist es sowieso so, dass sie ja kein Sport in dem Sinn machen sollten, sondern erstmal vielleicht ein Spaziergang.   Sport ist da ganz kontraproduktiv, das kann man mit Depressiven dann machen, beim Burnoutler wäre das wahrscheinlich total kontraproduktiv, weil er sich dann wieder in diesen Sport leistungstechnisch stressen würde und würde sich dann noch mehr abverlangen und kann das auch nicht mehr relaxt betrachten. So was wie Walken z.B., also wenn man ganz normal geht, ganz gemütlich walkt, ist das eine sehr gute Sportart und da sollte man im Betrieb z.B. sagen, man macht zweimal die Woche eine Gruppe. Oder manche legen ihre Mittagspause zusammen und sagen, so jetzt trifft man sich mal. Oder man macht es abwechselnd mit Autogenem Training oder mit der Muskelentspannung nach Jacobson, die ist übrings sehr sehr gut, weil Autogenes Training auch bei Burnout als Erkrankung nicht das Richtige. Dann müsste es schon die Jacobsonentspannung sein oder meditieren, Achtsamkeitsübungen so etwas. Das fände ich optimal, in der Mittagspause mal sich zusammensetzen, Achtsamkeitsübungen können sie in einer halben Stunde machen und dass man einfach sich dann wieder spürt, weil das ist das große Problem, dass man sich auch körperlich überhaupt nicht mehr wahrnimmt. Also irgendwie etwas tun, was über den Körper geht, wodurch sie sich wieder spüren. Und das ist in der Achtsamkeit total wichtig und im Bewegungsbereich eben auch. Das Autogene Training ist bei Burnout nicht hilfreich, weil Autogenes Training eine Methode ist, mit der sie quasi, da brauchen sie am Ende nicht mehr viel Schlaf, d.h. sie aktivieren damit die Leistung und das ist genau kontraproduktiv.

Frage 9: Welche Einstellung und Motivation eines Arbeitnehmers wirken sich präventiv auf die Entstehung eines Burnouts aus?

Also ich denke, dass das auf jeden Fall davor schützen kann, sich erst mal Gedanken zu machen, wo sind meine Grenzen. Wo ist wirklich meine natürliche Grenze. Es ist auch wichtig herauszufinden, ok das ist mir jetzt zu viel. Hier ist es auch gut bei kleinen Dingen im privaten Leben anfängt, dass man ganz deutlich hinfühlt, ist das jetzt eigentlich gut für mich. Tut mir das, was ich gerade tue, gut? Und das dann in jeder Hinsicht zu fragen. Selbst wenn jetzt jemand sagt, komm lass uns doch da mal weggehen und Freunde suchen, dass man nicht in diesem, ok ja das muss ich ja und das macht man jetzt so, dass man sich davon mal trennt und man sich selber fragt, tut mir denn das gut. Ist das das, was ich brauche. Auch zu gucken, wenn ich es brauche ein Buch zu lesen, dann brauch ich das jetzt und, dass man das einfach mal macht. Und dass man von diesem kleinen Rahmen dann immer weiter ausgeht und auch später im Berufsleben halt sagt, also die Dinge auch deutlich benennen und nicht alles in sich reinfrisst und den Ärger, den man hat, weil die anderen einen nicht wahrnehmen, sondern, dass man einfach sagt, ok das und das kann ich gut schaffen in der und der Zeit und alles, was da drüber geht, das muss ich dann sehen, wenn es so weit ist, das kann ich jetzt noch nicht absehen, da muss ich erst mal gucken. Also Grenzen sind ganz ganz wichtig. Und das sind alles Dinge, von denen ich glaube, dass man sie alleine nicht kann, man sollte schon jemanden an der Seite haben, aber auch da wieder gucken, dass man sich nicht abhängig macht, sondern einfach, dass man jemanden hat an seiner Seite, der vielleicht in den gleichen Schuhen gelaufen ist, weil ich hab das oft gemerkt oder sehe es auch bei meiner täglichen Arbeit, dass Menschen da ganz große Schwierigkeiten haben, sich da zu öffnen bei Menschen, die das nicht erfahren haben. Die können das studiert haben, ja ok, das ist eine Sache, aber sie haben es nicht erlebt und dadurch ist eine gewisse Authentizität nicht mehr gegeben. Das ist aber das, was sie brauchen, um sich verstanden zu fühlen. Weil es ist ja auch so mit dieser Geschichte, dass selbst der Partner das überhaupt nicht versteht, er versteht nicht, warum sie jetzt so schlapp sind oder meine Tochter, die hat mich angeguckt als wenn ich das siebte Weltwunder wär. Es ist nicht nachzuvollziehen und ich hab da oft erlebt, dass Menschen sich unheimlich getröstet fühlen, wenn sie jemanden treffen, der schon in diesen Schuhen gelaufen ist. Man muss auch begreifen, dass man deswegen ja nicht irgendwie ein Alien ist, sondern ein ganz normaler Mensch, der einfach erschöpft war in einer Phase seines Lebens und jetzt guckt er halt, dass er halt auch wieder was Positives erlebt.

Frage 10: Wie können sich Führungskräfte am besten verhalten, um Burnoutfälle im Unternehmen zu verhindern?

Am besten würde das gehen, indem man das vorlebt. Also Führungskräfte sind ja auch in der Lage, ihre Gruppe an Mitarbeitern zu führen oder auch zu leiten, dass der sich immer wieder auch ein Ohr nimmt, d.h. auch ein bisschen weiter ausgelegt vielleicht. Oft denkt man ja, naja gut, die Leute gehen ja alle zur Arbeit, die kriegen ja alle ihr Geld und damit ist gut, was man in der heutigen Zeit aber vergisst, weil wir in dieser Leistungsgesellschaft leben, ist das Menschliche, das Persönliche. Ich glaube, dass sich der Mitarbeiter anders fühlen würde und auch anders denken würde und ich glaube, wenn er anders denkt, nämlich dann positiv über die Firma und über den Chef, dann ist das letztendlich zugunsten der Firma, also nur so kann die hoch kommen. Weil wenn man jetzt sieht, dass alle Mitarbeiter oder sehr viele negativ denken, dann hat die Geschäftsführung null Chance. Sie müssen wirklich davon überzeugt sein, nicht nur von dem, was sie tun, sondern eben auch von dem, der hinter ihnen steht. Z.B. könnte man sagen, wenn der jetzt Geburtstag hat oder es ist Ostern oder Weihnachten, dass man einfach einen Moment schaut, ob man ihm nicht eine kleine Freude machen kann. Und ich glaube, dass die Bereitschaft der Menschen noch eine ganz andere wäre durch Freude im Job, durch Freude an der Arbeit und durch diese Anerkennung auch bereit sind, hier auch mit Begeisterung an die Arbeit zu gehen. Und dass sie dafür sorgen, dass die Mitarbeiter gerne zur Arbeit gehen, das kann man dadurch erreichen, nicht dass man regelmäßig ihr Geld bezahlt, was ja ohnehin passiert, aber eben auch am Rande. Dann haben sie die Mitarbeiter auf ihrer Seite und dann bin ich sicher, dass das Unternehmen auch wächst. Nur das wird in Deutschland leider nicht so gemacht, es gibt Länder wie die Schweiz z.B. , die machen das mit ihren Angestellten so oder bei google. Das was passiert, wenn man sich menschlich nicht ausreichend kümmert ist, dass der Mitarbeiter zwar das Geld von der Firma bekommt, das was man aber nicht kaufen kann ist die Bindung. Ich hab noch eine ganz andere Bindung an meinen Vorgesetzten, wenn ich das Gefühl habe, der sieht mich und dann bin ich auch in Notzeiten gerne für ihn da oder ich mach dann auch mal eine Stunde mehr oder so. Aber ich hab einfach eine andere Bindung und das bedeutet gleichzeitig ich hab ein Verantwortungsgefühl, sonst gehe ich dahin und sage, ok ich mach hier meinen Job und das wars.

Frage 11: Welche Maßnahmen der Verhaltensprävention, d.h. individuelle Verhaltensweisen des Mitarbeiters, können zur Förderung der psychischen Gesundheit beitragen?

Das sind ja diese drei Säulen, also Bewegung, Entspannung und Ernährung. Und zwar auch in einer Regelmäßigkeit

Interview 8

Frage 1: Worin sehen Sie die wesentlichen Merkmale einer Burnouterkrankung?

Generell Nachlassen der Leistungsfähigkeit, Verschlechterung der Stimmungslage, man ist lustlos, energielos. Interesse und Freude an früher ausgeübten Tätigkeiten lassen nach, man ist- also zumindest Ich- war leicht reizbar. Ich bin teilweise aggressiv geworden und war so im Endstadium niedergeschlagen, depressiv und solche Geschichten.

Frage 2: Welche Faktoren haben bei Ihnen dazu geführt, dass Sie an einem Burnout erkrankt sind?

Die Ursachen, die liegen sehr sehr häufig viele Jahre und Jahrzehnte zurück, das hat sich immer wieder auch so von den charakterlichen Geschichten hier aufgebaut ohne, dass es einem wirklich bewusst ist und irgendwann tritt das eben zu Tage. Und das tritt dann zu Tage, wenn die Situationen sich zuspitzen, ja. In diesem Fall- in meinem Fall- war es eine ständige Überbelastung im Privaten, aber v.a. im beruflichen Bereich. Und daraus resultieren die Unzufriedenheit mit der damaligen Situation, man dreht sich dann wie so ein Hamster im Rad, kommt nicht vorwärts und dreht sich nur im Kreis und das macht einen total irre. Das sind die Ursachen aus den Anforderungen, die an einen gestellt werden und die man irgendwann nicht mehr erfüllen kann, weil einfach zu viele Anforderungen auf einen zukommen.

Frage 3: Welche Faktoren haben in Ihrem Arbeitskontext zur Entstehung eines Burnouts beigetragen?

Ausschlaggebend war, eine Sache habe ich schon gesagt, das sind ja Sachen, die sich über Jahrzehnte hinweg entwickeln und in der Persönlichkeit des jeweiligen Menschen liegen. Ja, aber ausschlaggebend waren eben Änderungen in der Organisationsstruktur, dadurch bedingt Übernahme von neuen Aufgaben, wobei die alten beibehalten wurden. Das sollte eigentlich nur ein vorübergehender Prozess sein, aber dieser Prozess hat sich dann über fünf Jahre hingezogen. Ja, dass also dann keine neuen Stellen geschaffen wurden, da war eine Stelle für acht Leute ausgeschrieben, es waren aber nur drei oder vier Leute da, also musste jeder im Prinzip für drei oder vier Leute arbeiten. Zusätzlich kam noch dazu keine Anerkennung durch Vorgesetzte, die also gesagt haben, Du hast das schon immer gemacht, Du schaffst das schon!, aber nicht wirklich jetzt motivierend, warum kriegst Du das nicht hin. Und dann waren es neue Vorgesetze, die sag ich mal, nicht unbedingt die idealen Personalführungsqualitäten aufgewiesen haben. Die Organisationsstruktur an sich hat sich dann geändert zu einer Matrixorganisation und durch die Übernahme von einem anderen Konzern wurde die Führungsstruktur völlig geändert. Wir hatten bislang eine flache Führungsstruktur und das ist sehr sehr steil geworden, d.h. du musstest alles nach oben berichten, du musstest alles von oben entgegennehmen und konntest nicht mehr selbst entscheiden. Das, was ich in der Firma seit zehn, zwanzig Jahren versucht habe umzusetzen, dass Leute ihr Gehirn mit in die Firma nehmen, das wurde plötzlich nicht mehr gewünscht. Das hieß dann, wir haben Regelwerke, wir haben Richtlinien und daran muss man sich halten. Qualitätssicherungsmaßnahmen und was weiß ich noch, Managementhandbücher mit tausenden von Seiten und das ist für einen kreativen Menschen sehr sehr schwierige damit umzugehen, also das war mit so der Hauptgrund dafür, dass ich immer blockiert habe und gesagt habe, so ein Quatsch! Warum muss ich mich an Vorschriften und Regelwerke halten, ich bin kein Mensch, der sich an Regeln gerne hält, wer ist das schon. Manche Menschen brauchen das, ich nicht. Du hörst dann auf, dich selbständig zu entscheiden, du bringst dich nicht mehr ein, das ist ja das, was wir jahrelang, ich hab also Jahrzehnte lang in so Arbeitsgruppen mitgearbeitet, die Leute dazu zu bewegen, das wurde plötzlich nicht mehr gewünscht, v.a. jetzt an der Maschine oder im Umfeld von nicht Angestellten, ja also Arbeitern. Die haben tolle Fähigkeiten draußen in der freien Wildbahn, das sind irgendwelche Leute, die im Verein als Vorsizender kassiertätig sind, die irgendwelchen tollen Hobbies nachgehen, die in irgendeinem Sportverein hier Führungskräfte sind ja und dann gehen die in die Firma rein, geben ihr Gehirn an der Pfortestelle ab, drücken auf den Knopf ja und machen den ganzen Tag nichts anderes als Dienst nach Vorschrift. Ja, und das haben wir versucht abzubauen und jetzt kommt plötzlich eine andere Firma daher und sagt, wir wollen jetzt alles genau nach Regelwerk haben und eigene Ideen sind nicht mehr gewünscht, da bleibt dir die Luft weg. Ok, also das waren so die Hauptfaktoren aus dem Arbeitsbereich heraus.

Frage 4: Welche Rolle hat die berufliche Tätigkeit in Relation zu privaten Stressoren bei der Entstehung Ihres Burnouts gespielt?

Ganz eindeutig den überwiegenden Anteil, also wenn ich das jetzt in Prozent ausdrücken würde, würde ich sagen 80, 85 Prozent so was. Ja, das war also für mich der Auslöser gewesen, wo ich dann nicht mehr weiter kam.

Frage 5: Gibt es Ihrer Meinung nach Mitarbeiter, die besonders gefährdet sind, an einem Burnout zu erkranken?

Ja, ich zum Beispiel. Die Menschen, die dazu neigen eben auch von ihren charakterlichen Seiten her zu Perfektionismus zu neigen. Sensible, feinfühlige Menschen ja, wenn so ein grobschlächtiger Mensch da ist, dem ist das egal, dass geht dem irgendwo hinten an der Schulter runter, ja. Und einer, der sich da eben einbringt, der feinfühlig ist, der ein bisschen sensibler ist, der nimmt sich das zu Herzen. Detailversessene Menschen, da gehörte, gehöre ich auch immer noch, aber ich mache mir das bewusst, dass ich nicht mehr so sehr auf die Details achte, weil das ist auch nicht mehr gewünscht. Ja, das fängt beim E-Mail Schreiben an, dass man da keine orthografischen Fehler drin hat und die Satzstellung und die Komma-ta alle stimmen ja, das ist beim E-Mail Schreiben völlig belanglos. Ja, wenn ich dann manchmal die E-Mails kriege, wo ich mir denke, Hallo, da sind hoch dotierte, was weiß ich GO`s und die schreiben einen Schwachsinn, es wimmelt von Schreibfehlern, von Studenten und Jugendlichen will ich mal drüber hinweg sehen, aber das nervt mich, das regt mich auf und da muss ich eben mich überwinden und sagen, Ok ist so ja. Es geht ja darum, will ich das richtig machen oder ist es mir eigentlich egal, nehme ich Fehler in Kauf und es nutzt nichts, wenn du gesagt bekommst, lieber 80 Prozent fehlerfrei, also 20 Prozent Fehlerquote als 100 Prozent und die Quantität passt nicht, aber du nicht der Mensch dazu bist, dass du gerne Fehler machst, ja, und da gehöre ich nun auch mal dazu. Das ist so ein Spagat, den man da begeht. Ja, dann betrifft es auch Menschen, die sich außerhalb ihrer vorgeschriebe-nen Tätigkeit einbringen, das war bei mir auch sehr stark der Fall. Wenn irgendwas war, hieß es [Name] kannst Du mal? Du bist dann derjenige, der die Kaffeemaschine repariert, Du bist derjenige, der das Rollo wieder in Ordnung bringt, der das Fenster richtet, der alles macht, ja weil jeder weißt [Name] kann ja. Die anderen könnten vielleicht auch, aber die tun so als könnten sie es nicht, sagen ach das kann ich nicht, das muss man erstmal lernen zu sagen. Das ist das Problem, wenn einer so multifunktional ist und die anderen finden das natürlich sehr leicht raus. Ja also ich hab mich um alles und jedes gekümmert, weil es mir Spaß gemacht hat und vor allen Dingen, weil für mich auch ein Bedürfnis war, die Anerkennung anderer Menschen zu bekommen. Ja, das kommt vielleicht schon aus früher Kindheit, ja wo ich eben dazu erzogen wurde, Du bist nur dann ein guter Mensch, wenn Du…ne. Das ist einem nicht bewusst, das läuft ja alles sehr unbewusst ab und da drauf zu kommen und an daran zu arbeiten ist ein harter Prozess und langer Prozess. Hohe Erwartungen, die man an sich selbst stellt, ja dieser Perfektionismus, ja diese Menschen sind davon betroffen oder auch Menschen mit übersteigertem Verantwortungsbewusstsein, die sich jeden Schuh anziehen und sagen, da bin ich dafür zuständig, da erkläre ich mich dafür zuständig und eben Arbeit annehmen, obwohl sie es eigentlich nicht müssten. Das sind also Menschen, die vom Burnout betroffen sind. Dann eben auch noch diese sensiblen Charaktere ganz vorne weg. Ich musste lernen, mich da nicht einzubringen, obwohl ich es könnte, ich sehe Fehler, auch heute noch sehe ich Sachen, die mich stören ja. Sei es, dass irgendeine Tür klemmt und die immer offen steht und das zieht, der [Name] ist früher hingegangen, hat eine Werkzeugkiste bei sich im Schubfach, ist hin und hat das Ding geölt oder repariert, dann hat sie nicht mehr gezogen, dann war er wieder glücklich ja. So das geht mir ja von meiner Arbeitszeit weg, ja das kostet mich ja zusätzliche Energie, also lass ichs bleiben, es stört mich zwar immer noch, aber ich ignoriere es. Das schaff ich nicht immer, gebe ich zu.

Frage 6: Inwiefern hat sich Ihr Arbeitsverhalten Betroffenen im Krankheitsverlauf verändert?

Ja Leistungsfähigkeit lässt nach und man ist sehr gereizt, Interesse an den positiven Sachen fällt auch ziemlich mager aus und es macht einfach keinen Spaß mehr und man weiß aber nicht, woher es kommt, man ist dauernd zu überlastet. Die Konflikte mit internen und externen Kollegen wurden immer häufiger, gegenüber Kunden bin ich dann auch ziemlich unwirsch geworden teilweise, wo ich dann kurz angebunden war. Ja ich hab täglich mit Kunden zu tun gehabt, wo ich dann ungeduldig wurde, Kunde ist König ok, ja aber wenn er dich zum 100. Mal nervt, dann sag ich, ich sprech nicht mehr mit Ihnen, ja oder das muss ich mir nicht von Ihnen gefallen lassen und bin dann teilweise schon ein bisschen laut geworden. Ja also das sind so die Änderungen im Arbeitsalltag gewesen. Und auch meinen Kollegen gegenüber, wo ich dann laut wurde, aggressiv wurde und gesagt habe, Du kannst mich mal! Oder aufgestanden bin in einer Besprechung und gesagt habe, ich hab keine Lust mehr, ich geh jetzt nach Hause, ja und so ging das als zu und die Kollegen haben dann natürlich drauf reagiert und gesagt, Kerle nimm Dir ne Auszeit, mach mal ein bisschen langsamer ja und stell Deine Gesundheit nicht zu sehr auf die Probe, nimm nicht alle Aufgaben an, fahr ein bisschen zurück, so das sagt sich leichter als ich es tun konnte, weil ich bin ja in diesem Hamsterrad drinnen und ich will ja diese Anforderungen erfüllen, also mach ich als weiter. Das wirkt sich natürlich dann auch aus, dass Du extreme Überstunden hast, dass Du die Arbeit mit nach Hause nimmst, dass Du dich am Wochenende nur mit Zahlen, Daten, Fakten und irgendwelchen Analysen beschäftigst, weil da hast Du ja Ruhe, ja aber es trägt nicht bei, um Deine persönliche Lage zu bessern. Ja auch das muss man erst mal lernen, wenn man zwanzig, dreißig- ich bin schon seit vierzig Jahren im Berufsleben alles auf die Reihe gekriegt hat, plötzlich festzustellen, ich schaffs nicht mehr und früher war das ja ganz normal, dass ich die Sachen mit nach Hause genommen habe. Nur irgendwann mal kommt der Punkt, wo der Deckel oben, der Topf überläuft. Das ist das Sozialverhalten und natürlich lässt auch die Qualität nach. Man bringt nicht mehr die Qualität, man bringt nicht mehr die Leistung an sich, weil man einfach zu sehr gestresst ist. Diese Stressfaktoren sind dermaßen hoch, dass Du einfach die Qualität nicht mehr bringst. Du bringst zwar noch Ergebnisse, aber es dauert halt entweder länger oder die Qualität ist schlechter und dann werden die Leute unzufrieden und sagen, hey [Name] na das kannst Du net bringen, früher hast Du das doch alles super gemacht, tolles Diagramm mit was weiß ich noch allen Varianten dabei und heute bringst Du mir so ne billige Lösung daher, das kanns nicht sein. OK also insgesamt Leistungsnachlass.

Frage 7: Woran können Ihrer Meinung nach Führungskräfte erkennen, wenn es jemandem psychisch nicht gut geht?

Im Prinzip auch diese Symptome, die im Vorfeld beschrieben worden. Ständige Gereiztheit, Desinteresse an neuen Aufgaben, ja wo man sagt das kann ich nicht, das will ich nicht, das mag ich nicht ja. Ständige Überstunden, bei mir z.B. auch ein roter Kopf aufgrund von Bluthochdruck in schwierigen Situationen, wo der Chef gesagt hat, [Name] Du hast schon wieder so einen roten Kopf. Ich hab das selbst lange nicht gewusst, dass ich dann plötzlich Bluthochdruck kriege, der also wirklich 180, 200 hoch war, weil ich hab mein Leben lang immer niedrigen Blutdruck gehabt. 120 zu 80 war bei mir das Beste gewesen, was ich jemals zustande gekriegt habe vom Blutdruck her und plötzlich ist der bei 180, aber das merkst Du ja nicht, Du merkst nur, dass du dauernd zu angespannt bist und das hat sich dann eben körperlich durch einen roten Kopf geäußert, wo mein Chef dann gesagt hat, Ok geh erst mal eine rauchen oder so was und wenn es Dir wieder besser geht, dann kommst Du zurück, da dran hat er das schon gemerkt. Und wie gesagt, die Aufgaben werden nicht mehr in der früheren Qualität erledigt. Und ganz klar mangelnde Konfliktfähigkeit. Ja wenn du bei jedem

Konflikt ausrastest und sagst, sie können mich alle mal, da dran merken die das dann schon. Wir haben den großen Vorteil, dass wir eine sehr sehr gute Dienstärztliche Stelle haben und in den Gesprächen mit dem Chefarzt da drin hab ich also ausgehört, dass es sehr sehr viele Fälle gibt, die ähnlich gelagert sind wie meine. Und das Interessante war, ich hab das dann später nochmal hinterfragt bei einem Kollegen, dass es sehr viele Kollegen in meiner Lebenssituation waren, die mit mir auch in der Firma groß geworden sind, die also ähnliche Voraussetzungen hatten, ja diese Führungsstruktur, diese flache Führungsstruktur. In der Vergangenheit war es so, dass wenn du jemand angerufen hast und gefragt hast, kannst du mir helfen, dann hat er gesagt, ne kann ich nicht, aber ich kenne jemanden, der Dir helfen kann. Jetzt kriegst Du zur Antwort, ne kann ich nicht und ich kann Dir auch net sagen, wer Dir helfen kann. Ja das ist der Unterschied. Wenn Du neu in die Firma kommst, merkst Du den Unterschied nicht, aber dieses Kollegiale war plötzlich weg, weil jeder gesagt hat, das ist nicht mein Job, dafür werde ich nicht bezahlt. Beim letzten Gespräch mein Chef hat da gesagt, halten Sie sich an die Regeln, Sie haben klare Vorschriften, Tätigkeitsumfang und alles, was da drüber hinaus geht, geht sie nichts an, weil sie werden dafür bezahlt, dass sie die Arbeit machen, für die sie hier eingestellt sind. Und das war in der Vergangenheit net, da hat man sich auch über sein eigenes Arbeits-, Tätigkeitsfeld hinaus bemüht, kollegial Aufgaben zu lösen im Sinne der Firma natürlich, ist klar, aber es ist ja nicht mehr gewünscht. Damit sind die neuen Leute dann aufgewachsen. Und die anderen Leute, die aus dieser anderen Organisation kommen, die kannten das nicht anders. Die waren dann ganz er-staunt, als man denen mal gesagt hat, sag mal Du hast doch schon seit Jahrzehnten die Erfahrung, Du kennst dich damit aus, sagt er ja, aber das gehört nicht zu meinem Job, warum fragst Du eigentlich, ja das ist sehr seltsam, aber ok. Und wie gesagt, da waren häufig sehr viele Leute dabei, die aus diesem mittleren Management in dieser Firma groß geworden sind, die ähnliche Probleme hatten. Die sich bei jedem ein bisschen anders auswirken, der eine kriegt einen Herzinfarkt, der zweite einen Schlaganfall, der andere hat dauerndzu irgendwelche Probleme mit der Gesundheit ja, muss ich nicht unbedingt Burnout kriegen. Ja aber aus dem Gespräch mit dem Arzt hab ich also rausgefunden, dass er sehr viele solche Fälle hat. Das Problem ist ja, dass die Freiräume sehr häufig auch ausgenutzt wurden, es liegt ja in einem Individuum selbst, wie gehe ich damit um, nutze ich die zu meinem persönlichen Vergnügen aus, wir hatten auch Leute dabei, die sind frühs reinge-kommen, haben erst mal ihre Brotzeit ausgepackt, ihre Zeitung aufgeschlagen, den Radio eingeschalten und nach einer Stunde haben die dann mal angefangen, gemütlich zu arbeiten und dann war ja schon wieder Frühstückspause. Aber wenn Du dann so Menschen hast wie meine Wenigkeit, die auch verantwortungsbewusst sind, für die ist das dann ganz schwierig. Und das Problem ist eben, dass die Firma das in eine Schablone reinzwingen will, um diese Fälle, diese Faulenzer, die man immer mitschleppt, das sind Sozialkomponenten, die man immer mitschleppt, zu eliminieren. Oder denen auch eine gewisse Möglichkeit zu geben, innerhalb eines gewissen Rasters zu arbeiten, aber die kreativen Menschen werden dadurch unwahrscheinlich unter Druck gesetzt

*Frage 8: Inwiefern kann ein Arbeitgeber eine Burnouterkrankung von vorübergehen-
dem Stress unterscheiden?*

Unterscheiden kann er es eigentlich nur dadurch, dass diese Symptome permanent auftreten durch diese ständige Gereiztheit usw. Dieses permanente Auftreten, wenn das einmalig der Fall ist, nein, aber wenn das permanent ist, ein Dauerzustand wird wie vorher gesagt, diese Gereiztheit, dieses Desinteresse, diese ständigen Überstunden, dieser rote Kopf oder so was, dann darf er gerne auf Burnout schließen. Das wäre eine gutes Indiz für den Verant-wortlichen, da mal genauer hinzusehen.

*Frage 9: Wie kann der Arbeitgeber dazu beitragen, die physische und psychische
Gesundheit und somit die Leistungsfähigkeit seiner Mitarbeiter zu unterstützen?*

Ich mein generell, egal ob das Arbeitgeber oder direkter Vorgesetzter ist, ist es wichtig zunächst mal von der Basis schon mal die Mitarbeiter in die Firmenziele besser einzubinden.

Ein besserer Informationsfluss, wir sind ja teilweise verhungert, weil wir keine Informationen bekommen haben, wo es dann hieß, steht ja alles im Intranet, so dieses Unpersönliche dabei, guck doch mal nach, ich hab keine Zeit, mich jeden Tag eine Stunde mit dem Intranet zu beschäftigen. Meine Kollegen von der anderen Fakultät, für die war das selbstverständlich, dass die früh, wenn die ihren Computer eingeschaltet haben, erst mal ins Intranet rein und nachgeschaut, was ist an News drinnen und haben sich damit eine halbe Stunde lang beschäftigt bevor die das Arbeiten angefangen haben. Inzwischen machen das viele meiner Kollegen auch, nur ich bin zu dem Schluss gelangt, interessiert mich nicht mehr, die sollen machen, was sie wollen, ich mach meinen Job, aber wenn Ihr mich dumm sterben lassen wollt, dann tut das. Es ist inzwischen auch besser geworden, die haben das gemerkt, es werden regelmäßig Jour fixe Veranstaltungen gemacht, um Mitarbeiter über die aktuellen Ziele, die Strategien usw. zu informieren. Aber was hier auch stark der Fall war, dass die so eine Art Geheimniskrämerei draus gemacht haben, geht Euch gar nichts an, Ihr werdet schon dann informiert, wenn Ihr was damit zu tun habt. Ja aber das ist nicht genügend. Auch als Vorgesetzter z.B. häufiger mit den Mitarbeitern über die Ziele und die Ergebnisse der Arbeit zu sprechen, die einen persönlich betreffen und net zu sagen, ich brauch jetzt die Auswertung, sondern auch zu sagen, warum, wieso, weshalb. Und auch zulassen, dass der Mitarbeiter seine eigenen Ideen mit einbringen kann, ihn sogar dazu auffordern, was hältst Du davon?, Hast Du eine bessere Lösung? Auch das wurde in der Vergangenheit oder in dem Fall, der mich betrifft, völlig ignoriert. Da wurdest Du vor Aufgaben gestellt, mach mal! und wenn Du den gefragt hast, warum, wieso, weshalb, hab ich keine Zeit dafür!, wirst Du schon sehen! Schau ma mal, geht Dich nichts an! und das frustriert und wird in vielen Firmen meiner Meinung nach vernachlässigt. Also hat sich bei uns inzwischen auch gebessert, aber noch nicht gut.

Frage 10: Wie können sich Führungskräfte am besten verhalten, um Burnoutfälle im Unternehmen zu verhindern?

Wenn er das eben erkannt hat diese Symptome, dass er dann sagt ok, reduzier mal Dein Arbeitsvolumen oder darauf achtet, dass er Dich nicht zuschüttet oder wenn er eben sagt, geh mal zum Betriebsärztlichen Dienst oder lass Dich mal von Deinem Arzt durchchecken, bleib mal einen Tag zuhause. Er muss auch Initiative ergreifen, persönliches Gespräch ist wichtig über die Änderungen der Arbeitsbelastung, der Vorgehensweise, Reduzierung der Aufgabenverantwortlichkeit ist natürlich nicht so einfach, weil wegnehmen lassen will man sich ja auch nichts. Also muss er damit sehr vorsichtig umgehen. Und wie gesagt beim Einschalten von Dienstärztlichen Stellen, dass er sagt, mach mal einen Gesprächstermin aus mit dem Chefarzt da unten

Frage 11: Wie hat sich das Burnout auf Ihren beruflichen Werdegang ausgewirkt?

Bei mir eigentlich keine Auswirkungen. Ich weiß es von vielen Fällen, die dann eine Wiedereingliederungszeit gemacht haben und dadurch natürlich sehr sehr stark dann auch Aufgaben verloren haben, was sich teilweise bis hin zu niedrigeren Gehalts-, Lohnlevel ausgewirkt hat. Ja wo die gesagt haben, ok Du arbeitest jetzt nur noch drei Tage die Woche und verdienst halt dann auch weniger. Das ist bei mir nicht so gewesen, ich habs auch abgelehnt, eine Wiedereingliederung zu machen, weil wir in einer Abteilung sind, die sehr progressiv ist. Wenn ich jetzt ein halbes Jahr da raus bin, komm ich nicht mehr rein und da hab ich gesagt, das muss ich mir nicht antun und die Leute, die diese Arbeit übernehmen könnten, waren ja zu dem Zeitpunkt auch noch nicht vorhanden. Ich hatte eine ganze Reihe von jungen Leuten so wie Sie, die in der Einarbeitungsphase waren und das ist ja auch eine zusätzliche Belastung zunächst mal.

Frage 12: Welchen Nutzen haben Sie aus Ihrem Burnout gezogen?

Eigentlich war es die Erkenntnis, dass man nie perfekt ist und nicht perfekt sein muss. Für meine Umwelt war das schwieriger zu ertragen, weil plötzlich war der Kümmerer nicht mehr da. Also meine Frau hatte da ein sehr interessantes Erlebnis, wenn wir wandern gegangen sind, der [Name] hat alles dabei, vom Taschenmesser zum Zahnstocher bis hin zu was weiß ich, und jetzt hat er plötzlich kein Taschenmesser mehr dabei. Also das waren die Auswirkungen, wo man merkt, man kann auch weniger tun. Ich muss nicht jeden Tag das Auto putzen, damit es glänzt. Mich stört es nicht, wenn der Fußboden schmutzig ist, ja und solche Geschichten. Also dieses perfektionistische System, das ja sehr viel Energie kostet einfach ein bisschen runter zu fahren. Nur das ist eine verdammt harte Arbeit. Wenn sie das dreißig, vierzig, fünfzig Jahre so gemacht haben, plötzlich zu sagen, es ist mir egal, wenn der Plattenspieler nicht funktioniert, dann hör ich halt keine Musik ok. Oder wenn die Wand jetzt irgendwie schmutzig ist, dass ich dann gleich neu tapezieren muss, muss nicht sein. Man lebt dann auch mit den Kompromissen. Ich wurde auch in Konfliktsituationen gelassener, das Ganze nicht mehr persönlich nehmen, sondern einfach sagen, ok das ist nur ein Kollege.

Frage 1: Lässt sich tatsächlich ein Anstieg an psychiatrischen Erkrankungen verzeichnen oder handelt es sich primär um eine Zunahme an Diagnosen?

Sowohl als auch, die Ärzte sind aufmerksamer geworden, vor allem was Depression betrifft. Also wo man das Ganze natürlich kritisch betrachten muss sind Dinge wie ADHS, das ist natürlich modemäßig ganz groß. Und bei Burnout, also es ist so, dass die Ärzte eher weniger Burnout diagnostizieren als tatsächlich gegeben, weil Burnout ist ja nur eine Zusatzkategorie. Also jemand der zum Arzt geht und da hört er Burnout, der läuft ins Risiko, dass ihm die Krankenkasse das nicht erstattet. Deswegen gehen viele Ärzte her und schreiben rein Depression oder irgendwas anderes, damit der arme Kerl seine Krankenkassenerstattung kriegt. Meine persönliche Erfahrung ist, dass sie bei niedergelassenen Therapeuten unglaublich lange Wartezeiten haben, die gehen bis zu einem halben Jahr. Und das ist jetzt nichts, was man weg diskutieren könnte, die Leute, die zum Psychologen gehen oder zum Psychiater, die leiden ja tatsächlich. Und das wird in der Presse manchmal dargestellt, das sind ja diese Lifestyle Typen, die denken sie haben etwas verlängerten Stress und rennen zum Psychologen. Das halte ich persönlich für Unsinn, weil man muss sich mal vorstellen, das steht ja in der Versicherungsakte, wenn sie eine Therapie machen und kein Mensch macht das freiwillig, dass er sagt, ich geh zum Therapeuten und das steht lebenslang in meiner Versicherungsakte. Also das heißt für mich jetzt in der Tendenz, ja die psychischen Störungen nehmen zu, Depressionen nehmen zu und auch das Phänomen Burnout nimmt zu, wobei man bei Burnout sagen muss, jawohl es ist ein sehr weiter Begriff, da will jeder mitreden, da glaubt jeder mitzureden, aber Soziologe Alain, der hat gesagt, der Begriff Burnout ist allein deshalb berechtigt, weil ihn die Leute benutzen, was immer die damit auch bezeichnen. Aber bei mir ist noch niemand auf der Couch gesessen und hat gesagt, och ich hab Burnout, mir geht's so gut. Fußnote: Vielleich spielen Sie damit an auf das neue Buch vom Jörg Blech? „Die Psychofalle", weil das ist jetzt ganz aktuell raus gekommen, der sagt ja nein, es gibt keinen Anstieg der psychischen Störungen, das ist alles ein aufgeblasenes Ding von den Ärzten etc. Mit so was kann man einfach immer Schlagzeilen machen.

Frage 2: Fungieren das Betriebliche Gesundheitsmanagement sowie Stresspräventionsprogramme primär als Symptombehandlung gegenwärtiger Entwicklungen in der Arbeitswelt?

Hier ist der absolut wichtige Unterschied zwischen Betrieblichem Gesundheitsmanagement und Betrieblicher Gesundheitsförderung. Wenn Sie sagen, ich mach Stressprävention oder ich mache Yogakurse oder ich mache gesunde Ernährung für den Mitarbeiter. Das ist Gesundheitsförderung, das sind einzelne Maßnahmen, die haben oft so Feigenblattcharakter, weil da muss sich das Management keine schwierigen Fragen stellen lassen. Ein echtes BGM bedeutet, ich stelle die Prozesse auf den Prüfstand, die Aufgaben, ich muss mich hier auch mit den Werten im Unternehmen was überlegen und das machen die aller-, aller-, allerwenigsten Unternehmen. Die führen das zwar im Mund und sagen, jawohl wir machen das, aber ich persönlich, das sage ich Ihnen ganz offen, ich hab noch kein einziges Unternehmen erlebt, das gesagt hat, jawohl wir machen ein echtes BGM-Projekt mit allem drum und dran.

Frage 3: Wie würde dann so ein echtes BGM- Projekt aussehen?

Also erst mal kommt ein Externer wie ich und vier, fünf richtige Ansprechpartner, dann macht man einen Gesundheitszirkel und schaut erst mal, wie kriegen wir das überhaupt raus, woran es krankt, denn das ist in jedem Unternehmen anders. Dann macht man eine gescheite Analyse und erst wenn ich weiß, wo es im Unternehmen stinkt, dann kann ich zum Management gehen und sagen, jetzt weiß ich, wo das Problem liegt und jetzt hab ich hier einen Plan und wir begleiten Euch da. Aber schon das ist ja dem Unternehmen teilweise zu risikoreich, da könnte ja rauskommen, dass die Firma seit Jahren in die falsche Richtung rennt, immer mehr Leute entlässt z.B. und die Verbliebenen sollen die gleiche Arbeit machen. Ja kein Wunder, dass die Leute da ausbrennen. Also das wäre quasi ein BGM-Projekt, eine klassische Projektsituation mit Analyse, Konzept, Durchführung und Evaluation. Keine Raketenwissenschaften. Die Yogakurse z.B. können schon gut gemeint sein, aber das verpufft halt.

Frage 4: Ist es tatsächlich die Quantität der Arbeit oder vielmehr eine fehlende Übereinstimmung mit inneren Werten, die zum Burnout führen?

Weder noch, es ist nicht die Quantität der Arbeit. Es gibt Leute, die arbeiten wie ein Viech und denen geht's blendend. Sondern es sind andere Faktoren. Was Sie ansprechen mit diesen unpassenden Werten, sage ich mal das ist diese Kohärenz nach Franke, also ich erkenne einen Sinn in meiner Existenz, in meiner Arbeit also schaffe ich es auch Durststrecken durchzustehen. Das ist ein Faktor, jawohl. Es sind aber noch andere wichtige Faktoren da, wie z.B. eben diese Informationsflut, Multitasking, der Termindruck. Ich sag jetzt bewusst nicht Stress, weil Stress ist eine völlig normale Reaktion des Organismus auf die Natur und das ist an sich kein Problem, sondern die Dinge, die den Stress auslösen sind das Problem. Und es gibt diese externen Bedingungen, das nenne ich in meinem Buch den strukturellen Burnout und selbstverständlich gibt es auch Leute, die sind von der Persönlichkeit her anfällig für Burnout und zwar in Bezug auf die „Big Five", da gibt's die sogenannte Burnouttrias. Es ist eine Kombination aus hohem Neurotizismus, Introversion und hoher Gewissenhaftigkeit. Und da gab es in den 70er oder 80er Jahren eine Studie unter Medizinstudenten und das ist meines Wissens die einzige Studie, die den Zusammenhang herstellt. Also um es zusammenzufassen, die Quantität der Arbeit ist es nicht, sondern es ist einmal äußere Faktoren, Werte, Multitasking, Termindruck, auch diese Unsicherheit, diese Angst, die Leute haben ja Angst um Arbeitsplatz, Neustrukturierung usw. und natürlich die inneren Faktoren, wie Burnouttrias Perfektionismus usw. Da gibt es auch Leute, die da anfällig sind.

Frage 5: Burnout wurde zu Beginn in erster Linie in sozialen Berufen diagnostiziert. Sind es hier ausschließlich die Rahmenbedingungen oder auch dispositionelle Faktoren, die bereits bei der Berufswahl vorlagen?

Das mit den sozialen Berufen, meiner Meinung nach gibt es Burnout in jeder Branche, in jeder Position. Wenn sie strukturell unter einen gewissen Druck kommen und dafür dispositioniert sind, ist es völlig egal, ob sie jetzt Lehrer sind oder Softwareentwickler. Der Freudenberger, der den Begriff geprägt hat, hat halt in dem Bereich geforscht, aber da jetzt herzugehen und zu sagen, soziale Berufe sind besonders betroffen, ist meiner Meinung nach nicht richtig.

Frage 1: Fungieren das Betriebliche Gesundheitsmanagement sowie Stresspräventi-onsprogramme primär als Symptombehandlung gegenwärtiger Entwicklungen in der Arbeitswelt?

Natürlich greift man in der Prävention das auf, was gerade evident ist und die Arbeitsbedin-gungen hängen natürlich von den größeren Trends ab, insofern behandelt man natürlich die Symptome größerer gesellschaftlicher Entwicklungen, wirtschaftlicher Entwicklungen von der Globalisierung bis hin zur Rationalisierung. Die Frage ist natürlich gut, denn die zielt ja darauf ab, wo werden ungesunde Arbeitsbedingungen produziert und damit beschäftigen wir uns ja in verschiedenen Arbeiten, also wir schauen uns Unterschiede zwischen verschiede-nen Ländern an und schauen danach, welche Unterschiede erklären, warum es in manchen Ländern mehr stressige Arbeitsplätze gibt als in anderen. Aber da spielen natürlich sehr sehr viele Sachen rein, ob das mit der allgemeinen Wirtschaftsentwicklung zu tun hat oder auch mit der Arbeitsschutzgesetzgebung, mit der Umsetzung des Arbeitsschutzes. Das sind viele viele Faktoren, die das mit erklären. Ja und natürlich, wenn sie nur auf die betriebliche Ebene gucken, dann kann man das natürlich so ausdrücken, als würde man da Symptom-behandlung betreiben. Dennoch kann man im Betrieb ja einige Dinge ändern, Sie können am globalen Wettbewerb teilnehmen und trotzdem gute Arbeitsbedingungen schaffen, sie können natürlich nicht, das große Ganze verändern, dass sie einen gewissen Konkurrenz-druck haben, das ist so und das kann man natürlich im Betrieb nicht verändern, aber sie können Arbeitsabläufe nach den Maßgaben des besten arbeitsmedizinischen Wissens gestalten und im Betrieb natürlich sehr viel tun. Es reicht hier natürlich nicht aus, nur ganz kleine Sachen zu machen, so zu sagen, Ok das Arbeitsleben ist heute stressig, aber ich schenke Euch einen Yoga-Kurs. Das funktioniert nicht, aber so ist natürlich auch Betriebli-ches Gesundheitsmanagement nicht gemeint. In der Mehrzahl der Fälle wird es aber so verstanden, dass man mal ein paar Kurse anbietet, aber die eigentliche Idee ist ja, dass man gesundheitliche Belange in alle betrieblichen Entscheidungen miteinbezieht. Das machen natürlich nur ein paar Musterunternehmen, aber wenn man die reine Idee nimmt ist das natürlich eine gute Idee, inwiefern das umgesetzt wird, ist eine andere Frage.